EL ARTE DE EDUCAR

Técnicas de coaching para guiar a nuestros hijos

Alejandra Llamas

Grijalbo

El arte de educar
Técnicas de coaching para guiar a nuestros hijos

Primera edición: abril, 2014

D. R. © 2014, Alejandra Llamas

D. R. © 2014, derechos de edición mundiales en lengua castellana:
Penguin Random House Grupo Editorial, S.A. de C.V.
Blvd. Miguel de Cervantes Saavedra núm. 301, 1er piso,
Colonia Granada, delegación Miguel Hidalgo, C.P. 11520,
México, D.F.

www.megustaleer.com.mx

Comentarios sobre la edición y el contenido de este libro a:
megustaleer@rhmx.com.mx

ISBN 978-607-312-227-6

Impreso en México / *Printed in Mexico*

ÍNDICE

La felicidad es el sentido y el gran propósito de nuestra vida;
el principio y el final de la experiencia humana .

ARISTÓTELES

Introducción

Este libro está dirigido al padre, a la madre o a la persona responsable del cuidado y la educación de un ser humano de cero a veintiún años de edad. Es un texto para padres que desean vivir la vida con alegría, humor, entusiasmo y flexibilidad.

Los objetivos principales son crear distinciones para criar a niños sanos; además, coadyuvar al desarrollo de pequeños que se automotiven; que sepan lidiar con cambios y recompensas a largo plazo, pero, sobre todo, que se apoyen en su imaginación y en su creatividad para vivir; niños que escuchen la voz de su corazón.

Lo que no encontrarás en este libro son apoyos de disciplina rígida para educar ni técnicas para lograr altos honores y metas fijas. Tampoco está dirigido a padres que quieran hijos sometidos a la autoridad, para ser sólo receptores de educación sin permitirse cuestionar, ni para seres cuya mayor satisfacción sea la de agradar a otros.

Hablo de padres que deseen hijos destacados en el mundo de hoy, hijos con la posibilidad de encontrar lo que para ellos signifique el éxito. Que puedan inventar sus vidas y sus reglas con base en una estructura de integridad. Sabrán entonces reconocer que la sabiduría interior está en ellos y confiarán en ella para su evolución. Estos son los niños que necesitamos: seguros, sanos, creativos y empáticos con sus necesidades y con las de otros. Éste es el propósito: ser como padres —guías y maestros de nuestros niños—, pero también alumnos de ellos, de ellas, para tener la capacidad de aprender lo que nos vienen a enseñar. Hombro con hombro desarrollaremos una familia lista para contagiar el bienestar a su comunidad.

La relación con los hijos se teje día a día. Ahora bien, existen técnicas, enseñanzas y filosofías que fortalecen el vínculo madre/padre-hijo/hija, las cuales permiten el goce (y no la carga) en la aventura de ser padres.

Es importante entender lo siguiente: un niño, una niña, un o una joven no son personas definidas por una edad; en realidad, son alma, son seres completos, perfectos; sabios que vienen al mundo con el fin de llevar a cabo su llamado, de encontrar su camino (el cual, no tiene que estar relacionado necesariamente con el de sus papás). Lo que quiero decir es: los padres, las madres, somos acompañantes de esa alma; nuestra responsabilidad es conocerla, caminar con ella a lo largo de su vida. Si logramos ver la grandeza de su espíritu, si nos volvemos verdaderos compañeros, alma con alma, daremos el primer gran paso para construir una relación sana con ellos.

Muchos de nosotros tendemos a crear interpretaciones sobre quiénes son nuestros hijos (cuando los vemos les proyectamos todo aquello que creemos de ellos) y nos relacionamos con ellos desde nuestras expectativas, a partir de lo que juzgamos y de lo que ya determinamos; sin embargo, el niño trata de mostrarse tal cual es, desea ser conocido, no definido. Éste es un punto nodal, una distinción significativa en la relación con alguien que está descubriendo y revelando quién es frente a la vida.

Si existen dinámicas que no están funcionando, debemos tomar el rol del adulto y aparecer maduros y responsables frente a esa relación. Esto significa que, si hay una dinámica de gritos, de insultos o de cualquier otro tipo de faltas de respeto, nosotros debemos ser los primeros en dar un paso hacia atrás, y no ser parte de esa situación para lograr romperla. Si en la relación lo que los tiene enganchados es el ego, esto provocará una escala de poder, y así la dinámica no tendrá fin.

Muévete al amor, busca cómo mostrar tu fuerza como padre, como madre, desde esta energía, no desde la imposición. Enseña a tus hijos maneras nuevas de ser.

Cuando dudes sobre alguna cuestión relacionada con tu hijo, con tu hija, regálale la confianza, confía en lo que te dice y en que tomará buenas decisiones (independientemente de que lo monitorees y lo acompañes en su vida); regálale la posibilidad de que sea cien por ciento responsable. Si se equivoca, permítele vivir con las consecuencias y aprender de ellas.

Uno de los grandes errores que observo a menudo es que desconfiamos de ellos, de ellas. Los miramos como chiquitos, como seres no confiables, como personas frente a las cuales somos más importantes. Esta situación se vuelve más una cuestión de ego que de realidad. A mi hijo, a mi hija, les regalo de antemano la confianza; eso es lo que los hace fuertes, grandes frente a mis ojos; así, ellos tienen la necesidad de mantener la grandeza, la cual yo les he regalado, porque ante todo les otorgué la confianza.

En las relaciones con la gente se crean ciertas dinámicas porque la comunicación no es sólo verbal, sino también corporal: los ojos, el cuerpo y las posturas hablan acerca de cómo nos presentamos en una relación. A veces, en la familia, cuando comienza una dinámica de reto o de poder, ésta va en aumento: el niño quiere probar su poder, mientras los padres desean probar el suyo, hasta que llegan a un punto donde la relación es intolerable.

A esto me refiero cuando digo que "debes dar un paso atrás": si ves que tu hijo o tu hija actúa de manera agresiva (azota la puerta, contesta feo o miente), inmediatamente, como adulto, observa cuál es tu lenguaje, porque a lo mejor crees no estar diciendo nada que provoque semejantes actitudes, pero, tal vez, tu lenguaje corporal te delata.

En repetidas ocasiones hablamos con un adolescente ya con una agenda en la mente: "Le voy a decir esto", "Tiene que entender tal cosa", "Aquí hay límites", "Aquí hay reglas", pero a través de una comunicación que manifiesta una actitud defensiva o con agresión. Otras veces actuamos de manera suave y somos permisivos, sin hablar de frente con ellos; por lo tanto, él se cierra, creándose entonces una conversación de ego contra ego, de poder frente a poder. Semejante escena no lleva a nada positivo.

> Es importante bajar la guardia y madurar nuestras posturas. Esto no quiere decir mermar la autoridad, sino actuar desde la humildad y la fuerza; esto es mucho más poderoso que pelear desde el ego.

¿En qué lugar quedamos cuando regañamos? Ábrete a la posibilidad de honrar al otro, de reconocerlo, de escucharlo. ¿Cuántas veces nos hemos sentado con ese joven realmente a oírlo, a ser curiosos por lo que está viviendo, sin imponernos? Éste puede ser el gran regalo del momento, mientras reflexionamos sobre nuestro lenguaje corporal y visual frente a él y sobre cómo nos ve él a nosotros.

Una de las claves en el coaching se centra en que tus preguntas inicien con "cómo" y "qué". Ésta es una técnica para que la comunicación sea efectiva y arroje posibilidades. Si te sientas con un joven o con un niño a hablar, puedes preguntarle: ¿qué te gustaría lograr con eso? ¿Cómo te puedo apoyar en lo que quieres lograr? ¿Cómo te gustaría que yo participara en lo que estás haciendo? De esta manera, el diálogo se convierte en una conversación que otorga responsabilidad a ambos, cuyo fin es actuar para crear juntos.

Si, por ejemplo, etiquetamos a nuestro hijo al decir: "Este niño es un mentiroso", de alguna manera nos relacionaremos con él desde esa interpretación. Lo cual implica darnos cuenta de cómo actuamos cuando la mente construye una interpretación sobre alguien para después evidenciarla a como dé lugar, con base en lo juzgado. Al relacionarnos así, dejaremos de ver sus cualidades. En vez de enfocar nuestra energía en obligarlo a dejar de mentir, debemos poner atención en cosas más profundas; tal vez en ese momento el niño está pasando por alguna situación difícil, lo que no quiere decir que, si en un momento dado mintió, eso lo haga ser "quien es" como persona. Enfoquémonos entonces en la grandeza de ese ser humano que está frente a nosotros, para que como padres, como madres, podamos ver lo mejor de nuestros hijos e hijas.

Cuando hablo de ego me refiero a un fragmento separado del ser esencial. El ego es un impostor del ser que nos engaña; su fin es hacernos creer que somos él; sin embargo, es la representación de nuestro propio desamor; es el poder de nuestra mente utilizada en contra de nosotros; pretende ser el campeón cuando, en realidad, destruye y minimiza nuestras esperanzas y sueños. El ego es un fragmento que se apodera de nuestra realidad espiritual. Recrea un reino paralelo en el cual se le percibe como diferente, especial, defendiéndose, justificándose y manteniendo al resto del mundo a distancia.

Es importante decirlo: el amor es nuestra realidad espiritual, en amor somos lo opuesto, somos el antídoto del ego.

Los ámbitos de Byron Katie

Byron Kathleen Mitchell, mejor conocida como Byron Katie (diciembre 6, 1942), es una conferencista americana y autora de varios libros, entre ellos, *Amar lo que es*. Ella enseña un método poderoso para el desarrollo del ser humano: el trabajo.

En febrero de 1986, Byron Katie vivió en una casa destinada a sanar desórdenes alimenticios, donde tuvo una experiencia que cambió la manera en que percibía la vida: "Descubrí que, cuando creía lo que pensaba, sufría; pero, cuando no creía mis pensamientos, no sufría. Me di cuenta de que esto es cierto para todos los seres humanos. La libertad es tan simple como eso. Entendí que el sufrimiento es opcional. Encontré una profunda felicidad en mí, la cual no ha desaparecido ni por un instante".

Byron K también habla de cómo sufrimos cuando vivimos desde los ámbitos de otros. Además BK tiene un método para cuestionar pensamientos que se llama *El trabajo*, del que hablaremos más adelante.

Tu ámbito

El ámbito del otro

El ámbito de
Dios=Realidad

Es decir, al acercarnos a nuestros hijos es muy importante estar conscientes de tres ámbitos: el nuestro, el del otro y el de Dios.

Tu ámbito representa todo lo que tiene que ver contigo. Ahí mandas tú, ahí tienes poder y ahí pones tus reglas; en este lugar tus creencias y tus pensamientos son legítimos y válidos para ti.

El reto en la vida es quedarte dentro de tu ámbito, vivir la vida desde ti y no vivir en el ámbito del otro (en el de tu hijo o hija) para juzgarlo, sin respetar sus inquietudes, sus preferencias, sus comportamientos, sus acciones y verdades.

Suena sencillo, pero constantemente brincamos al ámbito que no nos pertenece. Reconocemos que estamos en ámbitos de otros cuando sufrimos y perdemos el poder. Esto es un reto. Cuando los hijos son pequeños, guiamos su ámbito, es decir, tenemos poder de decisión en su vida pensando en su bienestar; pero conforme crecen, sobre todo en la adolescencia, dichos ámbitos se van desvinculando; por lo tanto, hay que regresar y quedarnos en el nuestro con el objetivo de que el otro se haga completamente responsable del suyo.

A los dieciocho años ya son responsables de su ámbito, aunque nosotros podemos opinar sobre lo que pensamos al respecto. En esta etapa ya son adultos, pueden y deben hacerse cargo de su poder y bienestar. A medida que los hijos se desarrollan, los padres necesitamos soltarlos. Siempre queremos lo mejor para ellos, y esto se enseña con el ejemplo: si yo no quiero que mientan, si quiero que sean personas honradas, mi deber entonces es revisar mi vida, que sea congruente mi palabra con mi ejemplo, pues eso es lo que quiero transmitirles: ahí es donde verdaderamente encontrarán felicidad y fluidez en la vida. Así, desde mi actuar, les muestro cómo me da buen resultado ser honesta. Esto es traer la enseñanza desde nosotros y desde nuestro actuar.

Las oraciones que indican que estamos en ámbitos ajenos y que operamos desde la frustración comienzan con:

- Él debería…
- Ella no debería…
- Esto no debería haber pasado.

La característica de vivir en el ámbito del otro supone que nuestras creencias y nuestros pensamientos deben imponerse a los demás. El punto de partida es que hablamos sobre los demás, como dictadores, mas no como inspiración o como ejemplo. Por muy razonables que sean nuestras ideas, son nuestras, y entrar a la vida del otro para corregirlo lo coloca a la defensiva. En este caso cambiamos la corrección por la curiosidad con preguntas como: ¿cuál es el fin de lo que estás haciendo? ¿Cómo se alinea a tus propósitos? ¿Cómo te harás responsable de las consecuencias?

El tercer ámbito es el de Dios o el de la realidad. Ahí sucede todo lo que está fuera de nuestras manos, todo lo que tiene que ver con la realidad, como un temblor, una enfermedad, la muerte o la manera de ser de alguien.

Pelearnos con la realidad o con Dios es algo que hacemos constantemente: no admitimos los hechos como son; podemos pasar la vida sufriendo por no aceptar un fallecimiento, un padecimiento o el comportamiento de alguien querido.

Byron Katie dice: "Pelea con la realidad y perderás sólo el 100% de las veces".

> ¿Vives en tu ámbito? ¿Te haces responsable de tu poder en tu propia vida? O, ¿vives queriendo cambiar a los demás, corrigiendo o peleando ante lo que es la realidad?

Una amiga tiene una hija de dieciséis años, y se acercó a mí para decirme: "Mi hija y yo la llevamos mal". La clave aquí es no tomar las cosas de manera personal, sino entender que los adolescentes pasan por un proceso de desidentificación de sus padres, durante el cual buscan descubrir quiénes son, su llamado, su misión en la vida; en muchas ocasiones, para lograrlo tienen que desvincularse del ámbito parental. Claro que el papá o la mamá, quienes han tenido influencia durante tantos años, ya están acostumbrados a que sea su ámbito el que guíe al de su hijo, pero a pesar de ello deben dejarlo ir. La separación a veces es incómoda o dolorosa; sin embargo, cuando el amor está ahí, cuando la relación es constructiva, cuando la relación está basada en el respeto, es una transformación natural. Es decir, no es que realmente el muchacho no quiera a sus padres, sino que está en un proceso de encontrarse, de conocerse, de verse a sí mismo frente al mundo, independiente de ellos. Confíen en la madera de su hijo, en que sabrá identificar lo que es mejor para él; el adolescente es sabio en sí mismo y tomará sus decisiones de forma más consciente si uno confía en su grandeza.

La clave es escuchar al joven. Muchos de nuestros errores radican en el deseo de imposición. Dar un paso atrás, escucharlo y usar las técnicas y enseñanzas descritas en este libro abrirán posibilidades en nuestra relación. No quiere decir que bajemos la guardia o que nos debilitemos frente al muchacho, sino que realmente lo honremos. En una buena relación de padres e hijos siempre ayuda ser curiosos frente a quiénes son y tomar en cuenta que los jóvenes no son lo que hemos pensado de ellos. Más bien, estos jóvenes quieren que los conozcamos, que los escuchemos, que los acompañemos, que les demos mérito; desean ser grandes frente a nuestros ojos.

Es importante salir de las características que les hemos asignado: "Mi hija es así", para, más bien, acercarnos con curiosidad para observarla y preguntarle: "¿Cómo estás?, ¿qué te gusta en tu vida?, ¿cómo te gustaría que te apoyara para abrir nuevas posibilidades? Quiero ser un compañero, una compañera para ti", así nos vamos a acompañar, no nada más ahora, sino siempre. Hay que proyectar esa visión de la relación a largo plazo.

Es importante mencionar que una "historia" representa una serie de pensamientos o secuencias de pensamientos que hemos tomado y vivido como realidad. En el coaching vivimos las situaciones como hechos, es decir, nos relacionamos con aquello que se puede evidenciar; evaluamos lo que decimos acerca de los hechos, aquello que decimos de lo que pasó se convierte en nuestra historia, en nuestra interpretación, en nuestros juicios o pensamientos. Esto habla de cómo nosotros entendemos la vida, no de cómo es la realidad o las personas. Los hechos son, por ejemplo, un divorcio, un choque, llegar a casa a las 4:00 am, fumar, azotar la puerta, etc. Lo que decimos de los hechos es lo que en gran medida provoca cómo experimentamos la vida y lo que hace posible que abramos y cerremos posibilidades.

Estas "historias acerca de los hechos" pueden ser del pasado, del presente o del futuro; nos pueden hablar de cómo deberían ser las cosas, de cómo deberían haber sido o de por qué son así. Las historias aparecen en la mente todo el tiempo (cuando alguien tiene un comportamiento que no nos parece, cuando no nos regresan una llamada, cuando alguien actúa de cual o tal manera, cuando nuestro hijo no cambia su manera de ser o cuando un ser querido se enferma o muere).

Estos pensamientos se vuelven historias no investigadas, se transforman en teorías acerca de la realidad. Cuántas veces nos hemos dados cuenta de que sufrimos porque inventamos relatos acerca de los demás: "Me está faltando al respeto porque no me llamó"; "No creo que esto esté bien hecho"; "Esto no debería pasar". Inventamos una historia que justifica una posición moral, social, emocional victimizada o fuera de lo real, para darnos cuenta más adelante de que el cuento era sólo una teoría acerca de la realidad, lo que nos provocó vivir sin la posibilidad de estar en paz.

La ansiedad nace en frecuentes ocasiones de las historias mentales, de lo que pudiéramos perder, de lo que pudiera suceder, de aquello que no se nos va a conceder. La mente nos inunda de justificaciones, de pensamientos que le dan vuelo a nuestra tortura mental, la misma que nos aleja de la realidad, del presente y de la familia. Tú puedes reconocer a una persona que se encuentra inmersa en su relato mental porque está ansiosa, lejana y ausente. La vida se lleva a cabo en sus pensamientos y no en la realidad.

Vivir ahí nos provoca miedo, nos vuelve reactivos y nos coloca en una actitud defensiva; el mundo se vuelve peligroso en tanto nos convertimos en un pequeño personaje frágil y sin poder.

Al responder de ese modo nos situamos en una posición de guerra, a la defensiva, con resistencia a la vida, sin ser conscientes de que sólo estamos reaccionando a partir de un pensamiento que no es verdadero y, por lo tanto, ante el mundo de nuestra imaginación; frente a un mundo creado por nuestra mente, lejos de lo real y lejos de poder usar nuestra comunicación para crear acuerdos poderosos y funcionales con otros.

Es importante reconocer que esa historia, aunque nos quiera engañar haciéndose pasar por la realidad y, además, aunque muchas personas coincidan con ella, no es más que una ficción a la que le otorgamos el poder de convertirse en lo que somos y de esta manera nos relacionamos con los demás. Así, aparecen personajes como: yo, la débil, a la que maltratan, la que sufre por el pasado, la que no tiene lo que quiere, la que no puede ser feliz por culpa de, la que siempre busca a quién contarle su historia con la cual está completamente identificada.

En esta situación, los individuos viven siendo el ego, en un falso sentido del ser que necesita de una historia en la cual existir y a través de la que puedan justificar sus acciones, sus reacciones, sus emociones y sus objetivos de vida. Este tipo de personas son adictas al drama. Si no reconocen la situación, no despertarán al reconocimiento de que sus escenarios y reacciones, en gran medida, son creados para saciar una adicción biológica. Lo anterior es doloroso para ellos y para las personas que los rodean. Como padres debemos hacernos conscientes de qué tipo de intérpretes somos; debemos responsabilizarnos por nuestra vida; dar amor a los que viven a nuestro alrededor, en vez de ser víctimas y sujetos frustrados, molestos, instalados en la queja. Si no trabajamos en madurar en las relaciones interpersonales, enseñaremos a nuestros hijos e hijas patrones emocionales pobres. Enseñemos entonces por imitación, no nada más con las palabras.

Ahora bien, cuando el ego encuentra una identidad dentro de nosotros, es difícil que se desprenda de ella; si puede engañarnos acerca de que somos nuestras historias, lo hará, pues justamente eso lo mantiene vivo y con fuerza. Para saber si vives dentro de una historia basada en el ego, identifica si tienes resentimientos, enojos, iras, quejas u otros sentimientos negativos. Reconoce qué te dices, qué le está dando fuerza a estas emociones. Puede ser una historia contra alguien o contra alguna situación. La historia te mantiene preso y se ha vuelto tu circunstancia. Mientras no reconozcas que el ego es el único que gana, tu vida será regida por él.

Una persona que se victimiza necesariamente precisa de una historia, de un pasado. En el presente la historia ya no es, la víctima muere y, por lo tanto, el ego también; de ahí surge el gran poder de vivir en el ahora. Debemos estar alertas a que la identificación del ser ocurra a través del espíritu esencial. Así es como nace la posibilidad de liberarnos del ego y de conectarnos con la esencia misma.

Cuestiónate: ¿mis historias me construyen o me destruyen? ¿Mis historias benefician a mi familia y a mí, o me limitan? ¿Mis historias me roban la paz con la que debería estar presente con mi familia? ¿Les estoy enseñado a mis hijos a inventar historias que los limitan y victimizan, les enseño a relacionarse con los hechos desde lo neutral para vivir con soluciones y posibilidades? ¿Qué les enseño a mis hijos sobre cómo ser? ¿Qué está pasando realmente? Para contestarte es vital apegarse a los hechos y limpiarse completamente de interpretaciones y reacciones emocionales.

Capítulo 1

Tipos de educación

En el pasado, hasta hace muy poco, se creía que la educación de los niños se relacionaba con tomar seres huecos, vacíos, con el fin de que los educadores los llenaran. Semejante actuar dio un resultado caótico. Ahora, la visión del educador (de los padres, de las madres) se ha transformado con los nuevos conocimientos, que van de la mano de una era actual y de lo que ésta requiere para entender cuál es el rol que jugamos en el momento de educar. Hoy se parte de nuevos paradigmas que proponen que los niños son seres humanos naturalmente completos (con esto quiero decir que cada individuo es un ser con inteligencia, sabiduría, deseos propios, talentos, calidad moral, entre otros elementos constitutivos del yo).

Independientemente de lo que esperemos de nuestros hijos, nuestra primera labor es crear espacios para que ellos y su ser completo puedan florecer. Esto nos obliga a tomar una postura diferente como padres y madres. La educación en coaching parte del inicio: la responsabilidad. Es importante saberlo: la educación que ejerceremos hoy en día se relaciona con modelar, crecer, evolucionar como padres, y no con nuestras letanías. El trabajo como padres se convierte en el trabajo con uno, con una misma, como ser humano reflejado en nuestros niños. Es decir, ¿quiero enseñarle a mi hijo el valor de la responsabilidad? Observa en qué áreas de tu vida puedes ser más responsable con tus actos, con tu lenguaje, con seguir tus sueños, con vivir la vida desde tus propias fuerzas. De esa manera, educamos en silencio, pues el niño, la niña, imitan por naturaleza, son los valores y virtudes que mezclará con el gran ser humano que ya *es*.

El padre desde el ego

Podemos identificar cuatro tendencias primarias en la educación: *el padre desde el ego; el padre permisivo; el padre autoritario, el padre que nutre.*

El padre desde el ego surge del paradigma: "Tú haces lo que yo digo".

Esta clase de educación aparece desde el control y se dirige hacia el comportamiento. En él, se establecen un número de reglas; se usan los castigos y recompensas; hay espacio para la frustración, los gritos y el juego de poder. No existe lugar para la negociación. Lo que se espera son resultados ante una disciplina.

Los hijos de padres autoritarios pueden tener logros, pero generalmente se vuelven seres abstraídos y poco entusiastas. Estas personas tienden a actuar para agradar a los demás; no desarrollan confianza en ellos ni en su voz interior; se alejan de su intuición y cuentan con estrategias de negociación pobres.

El padre permisivo

Surge del paradigma: "Lo que quiera el niño".

Este tipo de padres no ejercen la responsabilidad de modelar estabilidad, estructura física y emocional para crear un ambiente donde el niño encuentre contenedores de florecimiento. Sus niños crecen con la indiferencia de los papás frente al rol de padres.

Muchas veces experimentan ansiedad y tienen poco control personal, ya que no aprendieron a modelar estas virtudes en un hogar que priorizara una estructura sólida en la cual el niño encontrara apoyos, referencias y estabilidad para madurar.

El padre autoritario

Surge del paradigma: "A veces confío en ti, pero a veces quiero que hagas lo que yo digo".

Ésta es la manera más común que existe para la educación. Se vincula con el humor en que se encuentra el padre. La parte autoritaria provoca que el niño tenga logros, pero muchas veces, al crecer son personas que se exigen mucho. Valoran ganar y competir; les gusta obedecer a la autoridad y buscan en otros su aprobación. Los niños y niñas que crecen bajo este sistema, son, generalmente, amigueros y obedientes. Sin embargo, en su afán por agradar y pertenecer pueden perderse de ellos mismos. Querrán seguir los mapas de vida diseñados por sus padres, buscarán entonces modelos que les parezcan buenos roles. En el fondo siempre estará la pregunta: ¿quién soy realmente? Y si por alguna razón salen del molde establecido, lo vivirán con ansiedad y culpa de "no pertenecer".

El padre que nutre

Surge del paradigma: "¿Qué piensas?"

En coaching para la educación se propone una cuarta manera de educar:

Los padres activos que nutren respetan la autonomía de sus hijos, sus pensamientos y emociones. Lejos de querer imponer sus prioridades, ayudan al niño a encontrar las suyas. No lo presionan, lo apoyan. No son ni autoritarios ni permisivos. Proveen a sus hijos de una estructura clara de valores como la integridad, el valor de la palabra, la honestidad y la comunicación efectiva entre ellos y los otros. Eso da como consecuencia autodisciplina, compromiso, libertad intelectual y emocional. Permiten que sus hijos aprendan de las experiencias. Creen en que ellos deben practicar y crear hábitos que los integren como seres humanos. También se pide que el niño se haga responsable de sus decisiones para conocerse mejor y decidir lo más adecuado para él desde su autoconocimiento y no para complacer a nadie más. Lo más importante es que el padre y la madre que nutren confían en su hijo, en su hija, en sus juicios; tienen confianza en que sabrán cumplir con la vida, en que de su desarrollo emanará un ser humano compasivo, responsable, motivado y amoroso. Todo esto, si es el ejemplo que les hemos enseñado con nuestras acciones. Si es así, existirá la libertad de desarrollar en ellos las personas que desean ser.

> El padre que nutre es el modelo, no el modelador.

Los hijos de padres que nutren tienen una excelente relación con ellos mismos, con otros y con el mundo.

Sus pilares son:

- Empatía
- Responsabilidad
- Creatividad

Estos tres atributos dan como resultado éxito en su vida profesional dada la conexión con su creatividad; relaciones amorosas gracias a su capacidad empática, y un lugar sólido en el mundo, consecuencia de su capacidad de responsabilidad.

Lo que muchos de nosotros buscamos hoy en día es ser auténticos en nuestras vidas, por lo tanto, también como padres; pero nos hemos dado cuenta de que para ser efectivos en el rol de la educación es necesario desaprender mucho de lo que hemos aprendido.

Andar en un camino paralelo con nuestros hijos e hijas significa estar en una búsqueda de nuestra voz verdadera; mantener la creatividad y nuestra pasión por la vida, y, a la vez, permitir que ellos, ellas, estén en sus propias búsquedas.

Así que las reglas para que esta fórmula de paternidad dé resultado bajo el nuevo paradigma son: "No estoy aquí para juzgar; estoy aquí para vivir, amar, crecer, aceptar lo que no puedo cambiar, y tener valentía para vivir".

Vivir en el presente

La familia requiere vivir en el momento, estar consciente del presente:

Un día, mientras caminaba en la selva, un hombre se encontró con un vicioso tigre. El hombre corrió por su vida, y el tigre lo persiguió.

El hombre corrió y corrió, hasta que llegó a un acantilado, el tigre casi lo alcanza. Sin tener otra opción, el hombre tomó la enredadera y comenzó a bajar por el acantilado.

Cuando iba a medio camino miró hacia arriba y vio al tigre enseñando sus colmillos. Volteó hacia abajo y vio a otro tigre rugiéndole y esperándolo. Estaba atrapado.

Dos ratas, una blanca y otra negra, se aparecieron en la enredadera arriba de él. Como si no tuviera suficiente de qué preocuparse, los roedores empezaron a morder la enredadera.

Él sabía que si las ratas seguían royéndola, llegaría el punto en donde la enredadera no soportaría su peso. Se rompería y él caería. Trató de asustarlas para que se fueran, pero los pequeños animalillos volvían a su tarea.

De pronto, notó una fresa que crecía en la superficie del acantilado, no muy lejos de él. Se veía regordeta y madura. Sin soltar la enredadera con una mano y estirando la otra, alcanzó la fresa y la jaló.

Con el tigre arriba de él, con el otro debajo, y con las dos ratas mordiendo la enredadera, el hombre probó la fresa y la encontró extremadamente deliciosa.

El Tao

A pesar de la situación tan peligrosa en la que estaba, el hombre decidió que sus miedos no lo paralizarían. Entonces fue capaz de aprovechar y saborear el momento.

La parte superior del acantilado representa el pasado, donde el hombre había estado y de donde venía. En términos de tu vida, esta metáfora se refiere a todas las experiencias y memorias que has vivido.

El tigre ahí ubicado representa los peligros de vivir en el pasado. Si constantemente nos torturamos por no haber sido capaces de hacer algo o por haberlo hecho, o si vivimos arrepentidos y con pena, entonces, el tigre nos ha dañado. Si no podemos dejar ir las experiencias negativas de nuestro pasado, si nos sentimos como víctimas porque tuvimos un pasado traumático, entonces el tigre nos ha mordido.

La parte inferior del acantilado representa el futuro, es lo que aún no descubrimos, el capítulo que aún no ha sido escrito. El futuro contiene todos tus sueños y todos tus miedos, aspiraciones y decepciones, tus posibles victorias y tus posibles derrotas. Es lo misterioso y lo incierto del mañana.

Bajar el acantilado representa vivir en el futuro, anticipando y especulando acerca de lo que te espera. El tigre de abajo simboliza los peligros de estar excesivamente preocupado por lo que está por venir (sobre todo a expensas de nuestra capacidad de actuar o para mantener la paz de la mente y el amor por el momento).

La posición entre los dos tigres representa el presente. Toma en cuenta que el presente cuelga suspendido en el aire. De la misma manera en que nosotros vivimos suspendidos entre el pasado y el futuro. Las dos ratas, la blanca y la negra, representan el tiempo, el día y la noche; ellas muerden la enredadera, debilitando la fuerza para sostenerte, y representan cómo estos ciclos temporales nos acercan a nuestra muerte.

El *ahora,* o *el instante presente,* puede ser un concepto ilusivo. En cuanto señalamos un instante y lo definimos como *el ahora,* abrimos y cerramos los ojos y ya no es el presente. Otro instante, igualmente ilusivo, toma *su* lugar. Sin importar qué tan fuerte trates, nunca podrás señalarlo. Vive el hoy, disfruta estar despierto *con* tu familia en este momento, suelta los miedos y aprovecha este instante, pues el momento de ser padres se irá rápido.

El Tao sostiene que muchos de los problemas con los cuales nos topamos en la vida provienen de nuestra mente, es decir, de nosotros mismos, en vez de surgir del exterior. Para solucionarlos, necesitamos dejar de culpar al mundo, a las fuerzas que no podemos controlar. En cambio, echa un vistazo hacia ti mismo, hacia ti misma. Cuando nos demos cuenta de que nosotros somos la causa de nuestros problemas, podremos empezar a ajustar nuestros pensamientos, y crearemos verdaderos cambios en nuestro entorno; de esta forma, impactaremos positivamente en nuestras familias y comunidades.

CAPÍTULO 2

RECONOCER LOS MENSAJES DE LIMITACIÓN

Mensajes de limitación

"¿Cuántas veces te lo tengo que decir?" "¡Obedéceme!" "No soporto que te portes así." "¿Cuándo te vas a dar cuenta de que te lo digo por tu bien?" "Aquí se hace lo que yo digo." "En esta casa yo pago, yo mando." Estas frases son las que algunos padres y madres dicen a sus hijos con frecuencia. Además, hay expresiones corporales. Es importante poner atención a esto: ¿cómo los miramos? ¿Cuál es nuestra expresión? ¿Qué comunica nuestro cuerpo? Es decir: ¿qué les decimos en silencio?

Ponte en su lugar. Imagina que eres niño, niña otra vez, y escuchas todos los días tus propias palabras, ¿cómo te sentirías? La respuesta puede ser culpable, triste, enojado, resentido o apenado; pero, sobre todo, construirías creencias acerca de ti. Por ejemplo, "hay algo mal en mí; no valgo la pena". La mayoría de los padres estarían preocupados al darse cuenta de que sus palabras diarias pueden dar lugar a la formación de estas creencias dañinas. Reflexiona: ¿cuáles son las conclusiones de tus mensajes?, ¿qué creencias generan las interacciones con nuestros niños? Es muy probable que la consecuencia sean pensamientos semejantes a: "No soy suficiente", "No soy importante", "Cometo muchos errores", "No soy lo que ellos esperan de mí".

Debemos ser conscientes de lo que decimos a nuestros niños y de las conclusiones a las que llegan sobre quiénes son, pues quizás esto les siembra dolor, miedo y ansiedad. Recordemos siempre: lo que cultiven será con lo que saldrán al mundo, y será lo mismo que emanarán.

La autoestima de los pequeños, en primera instancia, se relaciona con las interacciones con sus padres. La principal función de estos, inicialmente, es asistir a sus hijos, crear conclusiones positivas acerca de sí mismos y de su vida. Cuando los hijos son adolescentes, el propósito es ayudarlos a descubrir que ellos son los creadores de su propia vida.

Pregúntate: ¿qué tipo de creencias predominan en ellos?:

- No soy suficientemente bueno; no estoy bien; hay algo malo en mí; no valgo la pena; no puedo confiar en la gente; la vida no es justa.
- Soy suficientemente bueno; estoy bien tal y como soy; valgo la pena por la persona que soy; puedo confiar en la gente; tengo muchas posibilidades en la vida.

Ahora bien, ¿qué conjunto de creencias es más propenso a crear ansiedad y depresión? ¿Qué conjunto de creencias es más propenso a crear adicción o abuso de sustancias? ¿Qué conjunto de creencias tiende a provocar embarazos en adolescentes? ¿Qué conjunto de creencias puede desarrollar desórdenes alimenticios? ¿Qué conjunto de creencias propicia relaciones insatisfactorias? ¿Qué conjunto de creencias favorece carreras improductivas?

Puede parecer obvio, pero muchos jóvenes se atoran con una imagen de sí mismos que no es la real, sino una personalidad edificada en creencias provenientes de la infancia. Por ello, algunos dicen: "Así soy", "Es parte de mi personalidad" o "Siempre he sido así".

Ellos mismos se encasillan en una identidad, como si fueran un objeto. Pero esa identidad es el resultado de una descripción que se han hecho de sí mismos, la cual tomaron a lo largo de su vida al etiquetarse de determinada forma.

> Un bebé es la expresión máxima de la creación; en el proceso del crecimiento adquirimos creencias de quiénes y cómo somos.

Vivir identificado con lo que crees acerca de ti, de alguna manera también es vivir identificado con tu ego, es vivir limitado por las creencias específicas de las que te has apropiado. Por ejemplo, al decir: "Eso me causa inseguridad" o "No soy buena para hacer esto" predeterminas el camino de la limitación.

En otras palabras, tu ego no es realmente quien eres; simplemente se trata de quién crees ser y cómo te experimentas a ti. La vida empieza con una página en blanco, con millones de posibilidades. Eres el creador de tus creencias, quien determina las imágenes de sí mismo, lo que finalmente construye el ego. Así, te experimentas como una persona creada, cuando, en realidad, eres tu propio creador. No eres la suma de las decisiones que tomas; sino aquél quien decide las decisiones que toma.

Reflexionemos como padres sobre cómo operan los jóvenes que salen a vivir con valores de destrucción, violencia, con qué mensajes salen los adolescentes de sus casas. Esto puede ser el resultado de vivir en el dolor.

Hoy me preguntaba una cliente: "Ale, ¿no existen personas buenas y malas?" Después de mucha reflexión contesté: "En mi experiencia existen personas que cargan con tanto dolor que se mantienen en el miedo y en la inconsciencia, con una gran incapacidad de madurar y de crear empatía. También existen personas que viven en el amor. Si nos sentimos incompletos y carentes, es muy probable que vivamos en un contexto de aflicción. Ésta se traducirá, en mayor o menor medida, en nuestras interacciones, con nosotros mismos y con los otros". Por ello, en este capítulo abordaremos creencias comunes en los padres que influyen en que sus hijos tengan, a su vez, creencias pobres acerca de ellos mismos. El propósito es sanar con conciencia estas creencias y que nuestros hijos salgan de nuestra crianza con un sentido profundo de amor, que se traduzca en el trabajo, en las familias, en la abundancia y en el sentido de contribución por la vida.

Es importante hacerte la siguiente pregunta: "¿Qué quiero para mis hijos?" Si quiero que tengan salud emocional, física y espiritual, si quiero desarrollar su autoestima y un sentido positivo de la vida, debo estar alerta de mis interacciones con ellos con el fin de dar conclusiones positivas acerca de quiénes son y de lo que es posible lograr y de lo que no es. Por lo tanto, estemos pendientes de lo que decimos, de lo que *no* decimos, de cómo lo decimos y actuamos para edificar creencias positivas en ellos, las cuales determinarán su vida.

Distinciones

Es importante observar las distinciones como parte del lenguaje. Podemos verlas como conceptos, ideas, términos o nuevos conocimientos. Éstas nos permiten salir de puntos ciegos. Si identificamos nuevas posibilidades, operaremos y obtendremos resultados adecuados. Por ejemplo, un mecánico tiene muchas distinciones del motor de un coche; si se descompone, posee el conocimiento de las partes y de qué hacer para que éstas funcionen. Dichas distinciones las logramos con un dominio particular de la vida, y nos permiten una efectiva capacidad de acción, y, por lo tanto, el resultado será eficiente.

Generar nuevas distinciones nos da la capacidad de obtener lo que queramos conquistar.

Te invito a evaluar cuáles son las distinciones que tienes acerca de ser padre. Piensa en aquellas que puedas sumar y en otras que debas eliminar. ¿Qué sería funcional para ti? Abre la posibilidad a nuevas distinciones acerca de este rol que otros no han visto como posible. ¿Qué sería útil para ti? ¿Qué nuevos paradigmas podrías inventar que dieran mejores resultados en tus niños, en función de sus creencias, vidas, educación, amor propio y relación con la Tierra? El mundo requiere niños creativos, amorosos, empáticos y responsables para poder dar el paso en las siguientes generaciones y sanar al planeta. ¿Cuáles son las distinciones que deben adquirir los papás, las mamás, para formar a los seres humanos que hoy requiere el mundo? Tal vez nos toca aprender y proponer algunas nuevas.

El coaching ayuda a buscar nuevas formas de observar, a crear nuevas distinciones para ampliar tu visión del mundo, y así encontrar nuevas opciones. Replanteamos creencias, pensamientos y filosofías adquiridas para construir una visión distinta, un nuevo matiz que favorezca a la reflexión, al cambio de perspectiva y, por lo tanto, a acciones diferentes que se adecuen al resultado que hoy queremos dar.

Sin distinciones todo es indiferenciado. Para que cualquier cosa exista, debe diferenciarse de todo lo demás. De lo contrario, habría sólo un todo indiferenciado, lo cual es otra manera de decir nada. Todo, sin ninguna distinción, es lo mismo que nada. Éste es el valor de las distinciones: entre más tengamos sobre algún tema en particular, tendremos más opciones para operar.

El físico Fred Alan Wolf dijo: "El mundo es un potencial solamente y no está presente sin que tú y yo lo observemos". La realidad física necesita de la conciencia humana para hacer distinciones. Si nada existe sin distinciones, entonces, no hay significados en el mundo. Sólo hay interpretaciones, las cuales son distinciones formales que hace cada individuo.

Todo nace a partir de lo que percibimos y a su vez distinguimos, para, en un siguiente paso, significarlo. No hay un significado inherente en el mundo, la verdad no existe, sólo preferencias, valores que nacen de nuestras interpretaciones que damos a lo percibido, según la visión del mundo de cada observador.

Percibimos lo que creemos

No sólo nuestras creencias determinan nuestro comportamiento; los sentimientos y actitudes también delimitan las capacidades de percibir. Podemos tener sentimientos similares a otras personas, pero percibimos lo vivido de maneras diferentes.

Una descripción simple acerca de cómo vemos el mundo es el proceso visual: la luz incide sobre un objeto y se refleja en nuestros ojos. Los impulsos eléctricos viajan desde la retina hasta la corteza visual, donde la forma y el color del objeto son registrados; pero antes de que podamos verlo, dichos impulsos eléctricos viajan desde la corteza visual hacia el lóbulo frontal, donde la sensación de la vista está integrada en una percepción específica y da una forma reconocible. En otras palabras, las sensaciones son la información prevista por los sentidos y las percepciones son el resultado de lo que el cerebro hace con la información recibida. Así funcionan las creencias, vemos algo en el exterior que entra al cerebro, lo significamos, y a partir de ahí surgen creencias específicas.

Puede ser apropiado cambiar el dicho "Lo creeré cuando lo vea", por una declaración más precisa: "Lo veré cuando lo crea". No podemos ver lo que no creemos. Por ejemplo, si tienes la creencia de que hay que trabajar duro para tener éxito en la vida, cuando salgas al mundo será exactamente lo que verás: trabajos duros, y el esfuerzo que conlleva eso que llamas éxito. Si se presenta en la realidad una vida placentera, pacífica, de poco trabajo, ni siquiera tendrías la capacidad de percibirla como una posibilidad para ti, no se apega a tus creencias, a lo que le has dado valor (en este caso sería: "Éxito frente a determinado estilo de vida"). Simplemente, no vemos lo que no creemos.

Es tan importante para cada uno de nosotros conservar y proteger lo que creemos que, al salir al mundo, haremos hasta lo imposible por evidenciar nuestras creencias y, así, sentir que vivimos en la verdad, dentro de la razón. De la vasta realidad sólo distinguimos lo que espejea aquello en lo que creemos; de esta suerte, limitamos el poder de observar todo lo que es posible para nosotros.

Ahora bien, el ego está dispuesto a aferrarse a las creencias porque éstas definen su identidad. El gran aliento es que lo que creemos podemos cambiarlo, extenderlo y modificarlo; al final de cuentas, son sólo creencias por las que tenemos preferencia. El reto es reconocer la existencia de un gran universo, e identificar qué es lo que limita nuestra experiencia de vida.

Las creencias son convicciones; no importa si son correctas, reales, buenas o malas; ante nosotros se convierten en verdades; nos hablan de valores y preferencias. Lo relevante es evaluar si éstas son el apoyo para producir los resultados deseados en tu vida y con tu familia. El propósito en esta nueva era como padres y educadores será aprender a estar juntos, a convivir, a tolerar y a aceptar nuestras diferencias; a reconocer que cada uno crea su realidad, y que el hecho de no estar de acuerdo con la realidad de otros no nos da derecho a someterlos y a atacarlos.

Elimina creencias y abre posibilidades. Cuando eliminamos creencias limitantes, creamos nuevas posibilidades para actuar. Tenemos el potencial para descubrir soluciones que no existían antes. Ya no estamos limitados por la caja simbólica que nos oprimía.

Esto es muy importante en el rol de educar, pues hemos actuado con creencias impuestas por la cultura, por los padres y por enseñanzas adquiridas en el camino de lo que creemos que significa *ser* "buen padre"; pero en realidad, si la verdad absoluta de la mejor educación no existe, hemos operado bajo distinciones que otros han hecho de este rol y copiado de manera consciente e inconsciente...

Ahora, cuando nos damos cuenta de que es imposible ver nuestras creencias en el mundo, de que sólo vemos eventos e interacciones que no tienen un significado inherente, se evidencia lo siguiente: nosotros creamos nuestras creencias y, finalmente, la realidad para cada uno, sumando la realidad de lo que es una familia. En consecuencia, todo lo que decimos que está afuera (aparte de lo que tocamos, vemos, escuchamos, olemos, saboreamos), es una distinción que creamos, la cual solamente existe en nuestra mente.

Por ejemplo, si un niño sintió que su padre le fue emocionalmente ajeno; que su madre, en su manera de ver, atendía más a sus hermanos pequeños, y que, por ello, sus necesidades no fueron cubiertas, probablemente se miró a sí mismo como desatendido e ignorado; seguramente construyó la creencia de que no era importante, ya que si lo hubiera sido, sus padres habrían estado cerca de él y habrían saciando sus necesidades. Lo interesante es que sus papás actuaban en función de lo que ellos podían dar; sin embargo, él, una y otra vez, lo que vio fue: "Para ellos no soy importante". No vio los actos sin significado.

Si de adultos llegamos a una sesión de coaching con la sensación de: "No soy suficiente", seguramente usaremos los actos y las circunstancias de nuestros padres para reforzar algo negativo en nosotros y crear una identidad. "No soy suficiente", "No soy importante", si lo fuera, ellos me habrían atendido. Una y otra vez con las interacciones de la infancia se refuerza esta creencia, ya que lo que ellos hacían tenía ese significado. Ahora, con esta creencia el niño tiene que salir al mundo. "¿Cómo voy a sobrevivir en un mundo si no soy suficiente, si no soy importante?" Entonces, cuando aparece la primera interacción en la que el niño siente que puede sobresalir, querrá más de dicha experiencia, de la misma que lo hizo sentirse capaz. Y es entonces el momento en el que surgen las estrategias de supervivencia.

Estrategias de supervivencia

Desarrollamos estrategias de supervivencia para lidiar con la ansiedad causada gracias a las creencias negativas acerca de nosotros. Esto es: repetir y crear creencias y acciones que nos hacen sentir bien sobre la persona que somos.

Por ejemplo, si te das cuenta de que eres un buen comerciante y tienes la facilidad de hacer dinero, querrás aferrarte a esta identidad y salir al mundo a elaborar creencias frente a tu identidad como comerciante y estar en acción haciendo dinero, ya que esto te hace sentir suficiente e importante. Esto es cierto sólo en la superficie. Si estás en acción con el fin de compensar que en el fondo no te sientes suficiente, no querrás parar de hacer lo que haces. En mi trabajo me doy cuenta de que muchos vivimos con estas creencias carentes acerca de nosotros mismos, aferrados a una identidad del ego que pensamos que nos completa.

El amor por uno, por otros y por la vida debe alejarse de condiciones exteriores o de las circunstancias. La autoaceptación es fundamental para establecer una buena relación con uno mismo. Al amar exactamente a quienes somos, abrimos la posibilidad de eliminar el ego de nuestro corazón. Eres suficiente porque así naciste, no por lo que haces. No puedes ganar ni merecer autoestima por las cosas que haces.

Es importante entender lo anterior, ya que las creencias, y lo que distingamos de la realidad, son lo que va a definir, delinear y crear cómo vivimos la vida, igual que los alcances que tendremos, además de la posibilidad de estar felices o tristes.

Las creencias básicas se forman en la infancia; por eso es tan importante mencionar y entender el tema, ya que juega un papel fundamental en lo que nuestros hijos construyen para ser. Las creencias definen quiénes somos e influyen en la determinación de cómo lidiamos con el mundo.

Ahora bien, el amor propio es el candidato más probable para una vacuna social, algo que nos da poder para vivir de manera responsable y que nos libra de las tentaciones del crimen, la violencia, el abuso de sustancias, los embarazos en adolescentes, el abuso infantil, la dependencia del bienestar crónico, y el fracaso escolar. La falta de amor es la causa de la mayoría de los males personales y colectivos que plagan nuestros entornos sociales.

Si nosotros somos los que originamos nuestras creencias, entonces cada uno de nosotros hace las distinciones que se convierten en nuestra realidad. Es importante darnos cuenta de que las creencias sobre uno mismo son simplemente pensamientos en nuestra cabeza. Al vivir con creencias limitantes, o las que nos alejan del amor propio, se hace una gran diferencia en cómo te creas a ti mismo. En cada momento podemos volver al presente y eliminar cualquier creencia que no se alinee con nuestra grandeza.

A lo largo del libro exploraremos muchas técnicas para asegurarnos de que nuestros hijos terminen su proceso a nuestro lado con un amor real para ellos y su entorno.

Algunos aspectos importantes que preguntarnos son: ¿cuestiono en lugar de dirigir? ¿Exploro posibilidades? ¿Aliento? ¿Reconozco? ¿Ofrezco respeto? ¿Soy un modelo a seguir? ¿Permito que tomen riesgos y también yo los tomo? ¿Estoy de su lado? ¿Doy opciones, escucho? ¿Muestro amor incondicional? ¿Proveo un sentido de seguridad, confianza, y soy honesto?

Como padres amorosos debemos dejar que nuestros hijos aprendan a tomar sus decisiones desde pequeños. Esto les brindará satisfacción y confianza en ellos mismos. Si hacemos todo por ellos la creencia que tendrán será "no soy capaz." La cuestión a la que darán un significado no será a tus intenciones, sino a tu comportamiento. Probablemente tu intención sea atenderlos y cuidarlos, pero si ellos ya están en edad de comenzar a asumir responsabilidades, es importante permitirles hacerlas y que lleven a cabo roles fundamentales en su vida para que confíen en ellos mismos.

Con el desarrollo de nuestros hijos, al soltarlos al mundo y darles más responsabilidad, es importante confiar en ellos y permitirles que se equivoquen. Lo que *no* funciona es: culpar, ordenar, juzgar, dar nalgadas, caracterizar, etiquetar, exigir, comparar, estar ocupados para compartir tiempo juntos, criticar, sobreproteger; los sacrificios, el amor inconsistente, el amor condicional, no reconocer, expectativas irracionales, negar sentimientos.

Si eres como la mayoría de los padres, amas a tus hijos y estás comprometido con su bienestar, el primer paso para lograr lo anterior es darte cuenta de las creencias que te guían. Después, necesitarás eliminar las que no te funcionen, así, el nuevo comportamiento vendrá naturalmente.

¿Cuáles son las creencias, seguramente inconscientes, que explican tu trabajo como padre? Algunas respuestas son: "Mi trabajo es producir resultados"; "Mi trabajo es enseñarle a mi hijo cómo tener éxito"; "Mi trabajo es hacer a mis hijos felices"; "Mi trabajo es criar niños responsables y que se sepan comportar"; "Mi trabajo es que mis hijos coman bien y cumplan con lo que les pido".

¿Qué creencias operan en ti como padre, como madre? Evalúa. A lo mejor tu intención es positiva, pero al final, ¿con cuál mensaje se quedan tus hijos acerca de ellos mismos? Nada de lo que hagan, aprendan o sientan como niños tendrá tanta importancia en sus vidas como las creencias fundamentales que los forman y mantienen hasta su etapa adulta.

Lo maravilloso de esto es darnos cuenta de que ser padres es más fácil de lo que pensamos. Se trata de dar un paso atrás, reflexionar y dar amor. En cada momento podemos cambiar las interpretaciones que hemos elaborado acerca de nosotros y de nuestro pasado. Esto cambia también la manera en que nosotros y nuestros hijos experimentamos la vida. Las interpretaciones de una persona determinan su realidad, no sus experiencias pasadas. Es inapropiado culpar a los padres por la forma en que resulta la vida, porque como individuos siempre tenemos el poder de cambiar las creencias que determinan nuestras vidas. Una persona es dos cosas a la vez: creador y creación.

Método de BK para cuestionar y eliminar creencias y pensamientos

Existe un método muy efectivo para cuestionar pensamientos y creencias que para mí ha sido muy efectivo y me ha ayudado a alinearme. Con este método se determina qué es cierto, qué se alinea con lo que quieres vivir y qué ayuda a ponernos en una posición de crecimiento y amor frente a la familia.

Estas cuatro preguntas de Byron Katie se pueden aplicar a cualquier pensamiento o creencia familiar. Te invito a que hoy pongas a prueba lo que te roba la paz frente a tu familia. Una vez evaluado esto, mantén creencias sanas para actuar desde la congruencia y el amor; ése será el ejemplo para tus hijos.

Las cuatro preguntas

Como comenté, hay cuatro preguntas clave (de las cuales se desprenderán algunas otras) para eliminar tus pensamientos o creencias. Suena simple, casi imposible de creer. Cuando ponemos a prueba cualquier pensamiento o creencia frente a estos cuatro cuestionamientos, casi ninguno sobrevive. Así, nos damos cuenta de qué manera vivimos prisioneros de falsas aseveraciones.

Cuestiona algún pensamiento que robe tu paz con las siguientes preguntas básicas:

1) ¿Es verdad?

Nos confronta con una no realidad, con una posibilidad de ver una situación de manera más clara y objetiva.

2) ¿Es absolutamente cierto?

Ningún pensamiento negativo es absolutamente cierto. Nos confronta con la posibilidad de la no realidad, de la realidad creada por uno mismo. No hay verdades absolutas. Esta premisa nos permite revalorar y volver a preguntarnos sobre lo real y lo creado en nuestra mente. De alguna manera, nos demuestra que posiblemente fuimos nosotros quienes creamos esa falsa realidad que nos tiene atrapados.

¿Puedes saber más que Dios, más que la realidad? ¿Somos dictadores de la vida? ¿Puedes saber que eso es lo mejor para ella o para él, para su propio camino; para ti? ¿Puedes estar completamente seguro de que si consiguieras lo que quieres serías más feliz?

3) ¿Cómo reaccionas cuando tienes determinado pensamiento?

Uno mismo es quien decide y actúa de cierta manera. Si has reaccionado y actuado de una forma destructiva hacia ti y hacia los que te rodean, sin justificación (ya que esa reacción es originada por una idea y no por la realidad), tienes la posibilidad de cambiar. Para ello, puedes hacerte las siguientes preguntas: ¿en qué parte del cuerpo actúa el pensamiento? ¿Qué tan lejos se va dicho pensamiento? Descríbelo. ¿Qué visualizo cuando enfoco ese pensamiento? Descríbelo. ¿Cuándo se me ocurrió por primera vez ese pensamiento? ¿Cómo trato a otros cuando creo en ese pensamiento? ¿Qué me digo? ¿Qué hago? ¿A quién ataco con mi mente y cómo? Especifica. ¿Cómo me trato cuando creo ese pensamiento? ¿Es entonces cuando se presenta alguna adicción? ¿Busco comida, alcohol, comprar, ver televisión? ¿Es entonces cuando me critico y me minimizo? ¿Cuáles son los pensamientos que tengo de mí cuando me siento así? ¿Cómo he vivido mi vida por qué he creído este pensamiento? Sé específico, cierra los ojos y analiza tu pasado. ¿Este pensamiento trae estrés o paz a mi vida? ¿A dónde va mi mente cuando creo ese pensamiento? Escribe qué creencia lo acompaña. ¿Estoy en mi ámbito cuando estoy en ese pensamiento? ¿Qué gano con poseer y actuar sobre ese pensamiento? ¿Puedo pensar en una razón de paz por la cual quiera conservar ese pensamiento? ¿Qué cosa terrible podría pasar si no creyera en ese pensamiento? Escribe ese terrible pensamiento, voltéalo hacia ti y analiza si es cierto.

4) ¿Quién serías sin ese pensamiento?

Hacernos esta pregunta nos abre un sinfín de posibilidades, un sinnúmero de cambios; nos brinda la opción de ser quienes no hemos sido a favor de nosotros mismos.

¿Vivirías de manera diferente si no creyeras en tal o cual pensamiento? Cierra los ojos e imagina tu vida sin esa creencia. Imagina que conoces a tu hijo por primera vez, sin ninguna historia: ¿qué ves en él? ¿Quién eres ahora sin este pensamiento contigo, con el otro y con el mundo?

El trabajo sobre el pensamiento, a partir de la simplicidad, puede originar cambios profundos en la persona.

Ilustremos con un ejemplo la eficacia del método llevado a cabo por una clienta de coaching:

Alejandra: ¿Qué es lo que te molesta?

Ella: Estoy enojada con mi hijo (7 años), porque no me hace caso y no me respeta.

A: Ok. Estás enojada con él porque sientes que no te hace caso y que no te respeta. ¿Es completamente cierto que no te hace caso y que no te respeta?

E: Umm… no, no es completamente cierto.

A: O sea, ¿no es absolutamente cierto que no te respeta y que no te hace caso?

E: No, no es absolutamente cierto, pero muchas veces sí lo es.

A: Entonces, ¿no es absolutamente cierto?

E: No

A: ¿Quién eres con el pensamiento: "Mi hijo no me respeta y no me hace caso"? ¿Cómo te hace sentir ese pensamiento?

E: Me enoja, me enoja muchísimo.

A: El pensamiento te enoja. ¿Dónde lo sientes?

E: Lo siento en el estómago.

A: ¿Quién serías si ya no pudieras volver a pensar que Matías te hace enojar porque no te respeta y no te hace caso? Si ya nunca lo pudieras pensar.

E: Estaría tranquila.

A: Tu hijo sigue haciendo lo que hace, pero por más que quieres no puedes tener ese pensamiento, ¿cómo te sientes?

E: Me siento aliviada.

A: ¿Le ves algún valor o alguna recompensa para ti o para tu relación conservar este pensamiento?

E: Yo creo que un hijo tiene que respetar a sus papás, tiene que hablarles con respeto. Entonces, cuando él no me habla bien me siento agredida.

A: Ok. Regresemos al pensamiento. Ésa es tu creencia, la que sostiene al pensamiento; pero, ¿tú ves una razón para quedarte con este pensamiento? ¿Quedarte con ese pensamiento te suma?

E: Pues es que es para educarlo, ¿no?

A: Pero, ¿estás segura de que el pensamiento te sirve para eso?

E: No.

A: Parece que el pensamiento te sirve para frustrarte y estar enojada.

E: La verdad, sí.

A: ¿El pensamiento: "Mi hijo me enoja porque no me respeta y no me hace caso", te ayuda a lograr tu objetivo?

E: No.

A: Entonces, ¿ves algún valor para quedarte con ese pensamiento? ¿Quién serías frente a tu hijo y cuál sería tu objetivo si no pudieras volver a pensar que él te debería de respetar y hacer caso?

E: Umm, pues tal vez sería más divertida y más relajada.

A: ¿Más amorosa?

E: Sí, más amorosa y comprensiva.

A: ¿Cuál es la prioridad en tu relación con él, ser amorosa o que haga lo que tú le digas?

E: Es que mi prioridad es educarlo, no es que quiera que haga lo que yo le pido, pero pues quiero educarlo. Umm, pero también quiero que sea feliz. Aunque si hace lo que yo le pido... igual no va a ser feliz, ¿verdad?

A: Entonces, ¿cómo podrías darle la vuelta a ese pensamiento?

E: Estoy enojada conmigo porque yo no me hago caso.

A: ¿Cuál es tu propósito más profundo como madre? ¿Quién quieres ser frente a él?

E: Encontrar la paz.

A: Si tu propósito es encontrar la paz, ¿cómo se alinea este pensamiento con tu propósito?

E: El pensamiento no se alinea.

A: Si decimos: "Mis pensamientos no me respetan y no me hacen caso", ¿te hace sentido?

E: Sí.

A: Lo que pasa es que estos pensamientos no se alinean con tu paz, no respetan tu paz ni la paz frente a tu hijo.

E: Sí, me doy cuenta de eso.

A: Sí, y ése es tu gran propósito. Entonces, parece que tu hijo no está cumpliendo con lo que tiene que hacer, pero tú tampoco.

E: Exactamente (ríe).

A: ¿De qué otra forma le puedes dar la vuelta a ese pensamiento?

E: Pues… la que no se hace caso soy yo. O sea, yo no me respeto. Eso me suena. Pero entonces, ¿por qué me pasa eso?

A: Parece que tienes la creencia de que los niños deben de respetarte y obedecerte, y que eso significa educarlos. Esta creencia es cultural. Entonces, un niño va a hacer lo que un niño hace: jugar, comer mal, saltar, etcétera. Sin importar las teorías que hagamos de cómo deben comportarse. Cuando él falta a las expectativas de lo que para ti significa comportarse, piensas que te falta al respeto, que no lo estás educando correctamente. Por esta razón respondes con enojo, reaccionas a tu creencia. Según tú lo haces con buena intención. Tu hijo reacciona a tu reacción haciendo lo mismo que tú; pero, desde tu punto de vista, tu reacción está justificada por la creencia que tienes. Una forma de darle la vuelta a este pensamiento sería: *el niño se enoja y se frustra cuando yo no lo respeto y no lo dejo hacer lo que él quiere.*

E: Claro.

A: ¿Te queda claro por qué le podemos dar la vuelta de esta manera?

E: Sí, claro, porque yo no lo estoy respetando y le estoy imponiendo lo que yo creo.

A: Las creencias acerca de cómo crees que él debe de ser y de cómo debe actuar son tuyas; están bajo tus expectativas, mas no bajo su realidad. ¿Lo ves?

E: Sí. Tal vez debo analizar mi reacción, ¿verdad?

A: Por eso yo te pregunté cuál es tu intención al ser madre, cuál es el mayor propósito frente a ese rol: educar, disciplinar o dar amor. ¿Qué es más importante para ti?

E: Para mí es más importante dar amor.

A: Entonces, si quieres dar amor, esta creencia de disciplinar y educar a los niños no se compagina. De lo contrario, resultará que actuar con desamor se justifica con la intención de educarlos. Pero, ¿cuál es tu intención real como mamá? ¿Qué es lo que el niño infiere de tu forma de actuar? Una respuesta puede ser que él no es suficiente. Si vamos a educar y a disciplinar no dejemos de ser amorosos, pues se perderá la gran labor de padres. Esto no quiere decir que no hables, que no pongas límites, etc., pero desde donde lo hagas será muy diferente si lo haces con amor, fuera del enojo y la frustración. Ahí hay una distinción importante. Es decir, no porque los ames vas a ser una madre permisiva. ¿Qué te gustaría que tu hijo hiciera diferente?

E: Que me hiciera caso.

A: ¿Es absolutamente verdad que quieres que te haga caso?

E: No.

A: Entonces, ¿no es absolutamente cierto que quieres que te haga caso?

E: No, porque no estoy respetando lo que él quiere en realidad. O sea, creo que muchas veces es verdad que tengo que observar bien qué está pasando. Porque, seguramente, lo que me molesta es que no hace lo que yo quiero que haga.

A: Ok, vamos a darle otra vuelta a ese pensamiento. ¿Cómo puedes cambiar el "Quiero que me haga caso"?

E: Quiero hacerle caso.

A: ¿De qué manera te gustaría hacerle caso?

E: Quiero escucharlo, porque creo que no lo escucho cuando estoy buscando lograr mi objetivo.

A: Perfecto. ¿Qué otra vuelta le puedes dar?

E: No sé.

A: ¿Te suena cambiarlo a: "Mis pensamientos quieren que les haga caso"?

E: Sí.

A: Probablemente, tus pensamientos te molestan tanto que no puedes estar presente para ser amorosa y estar en paz con tu hijo.

E: Exacto. Mis pensamientos quieren que les haga caso. También pienso que quiero que él no me mienta. Porque algunas veces me miente cuando no quiere hacer lo que yo quiero que haga.

A: Entonces, el pensamiento "Quiero que no me mienta" ¿es absolutamente cierto?

E: Sí, ese sí.

A: ¿Es absolutamente cierto?

E: Pues sí, ¿no? Ahí sí digo que no quiero que me mienta.

A: Entonces, vamos a darle la vuelta.

E: Más bien quiero que me tenga confianza.

A: Ok. Vamos a darle la vuelta primero al pensamiento "No quiero que me mienta".

E: Quiero que me diga la verdad.

A: Cambia el pensamiento hacia ti. ¿Puede ser, quiero no mentirle?

E: Sí, eso está mejor.

A: ¿Algunas veces le mientes?

E: No.

A: ¿Nunca en tu vida le has dicho una mentira, aunque sea blanca?

E: Creo que conscientemente no. Soy enemiga de eso. A lo mejor con mi actitud lo he orillado a que mienta. Soy la típica mamá que le pone las verduras en el *lunch* para que se las coma, aunque no le gusten, y él las tira. Hago cosas así, que probablemente lo empujan a mentir.

A: Entonces te suena, ¿quiero que mis pensamientos no me engañen?

E: Sí, puede ser.

A: Tú tienes un propósito con tu hijo: el amor; pero algunos de tus pensamientos te engañan, te distorsionan.

E: Sí, creo que el problema es conmigo, ¿no? Entonces, si le doy la vuelta a que mis pensamientos no me mientan, me parece coherente. Porque los problemas son una cuestión mía. Por ejemplo, yo quiero que él coma sanamente, cuando en verdad la que tiene que comer sano soy yo.

A: Si nosotros ponemos el ejemplo, entonces educamos.

E: Totalmente. También tengo el pensamiento de que lo mejor que él puede hacer es respetar a su mamá.

A: En ese caso, ¿cómo le podemos dar la vuelta al pensamiento?

E: Yo creo que lo mejor que puedo hacer es respetarlo y aceptarlo.

A: ¿Cómo lo respetarías? ¿Cómo se vería eso reflejado en tu vida?

E: Yo creo que eso me encantaría. Porque me gustaría mucho dejarlo ser.

A: Al principio dijiste que podrías dejarlo ser si eliminaras el pensamiento de que no te respeta y que no te hace caso. Cuando te impones no actúas desde un lugar de amor. Más bien, te ubicas desde el ego y, probablemente, él reacciona desde ese lugar también, porque esto es lo que le estás enseñando. Sería mejor aplicar la curiosidad. Es decir, pregúntale qué hace, por qué lo hace. De esta manera, él aprenderá a usar su autocontrol. Recuerda: debes darle la vuelta a tus pensamientos para que surjan nuevas distinciones que resultarán en tu plan de acción.

E: Tengo que respetar a mi hijo; pero a veces le grito y no lo escucho.

A: ¿Cómo te hace sentir el que él no te respete y no te haga caso?

E: Me hace sentir mal cuando no me respeta y me hace sentir como una basura cuando no me hace caso.

A: Ahora, cambiemos ese pensamiento por un pensamiento positivo.

E: Sí quiero sentirme mal cuando no me respete y sentirme como una basura cuando no me haga caso. Pero, ¿por qué debo decir esto si es exactamente lo que ya no quiero sentir?

A: Porque así te has sentido. Porque has creído que es real. Entonces, ahora trabajarás en moverte de lugar, en donde te falta al respeto y a veces te sientes como una basura. Cuando eso se manifieste vas a regresar a este trabajo. Respirarás. Cuando esto vuelva a suceder, la situación será tu maestra de cómo quieres ser mamá. En ese momento actuarás diferente (porque muy probablemente te volverá a pasar). Cuando ocurra de nuevo, sabrás que la mejor manera de educar a tu hijo es con el ejemplo. Y si quieres que tu hijo coma bien, deberás comer bien frente a él; si quieres que sea amoroso, deberás ser amorosa.

E: Sí.

A: No lo digas, actúalo. Si quieres que te respete, respétalo (no le grites, explícale; mantente en un lugar de contribución, de paciencia; déjalo ser niño). Recuerda: si eso no te sale a la primera, si te desesperas, su reacción será tu maestra. Sobre esa reacción pulirás las nuevas distinciones acerca de cómo abordar la maternidad desde otro lugar y otras creencias. Te darás cuenta de que estás aprendiendo nuevas maneras de conducirte frente a tu hijo, frente a la disciplina, frente a cómo serás un ejemplo para él.

E: Totalmente.

A: Di: "No me pelearé con él. Que siga haciendo lo que está haciendo, pues hacer que no lo haga va en función de mi ego. Le estoy enseñando cómo ser desde el ego y no desde la paz". Entonces hasta que no seas paz, no regreses a la situación para querer cambiarla. Es más importante quién le estás enseñando a ser, que lo que en ese momento le quieras modelar con base en la disciplina. Con el coaching nos damos cuenta de que nuestra intervención es fundamental cuando uno de nuestros hijos está en peligro. Todas las demás intervenciones deben ser genuinamente evaluadas para determinar si se fundan en el amor y la contribución. Observa cómo apareces frente a tu hijo, y si lo haces con calidad. Es mejor que el niño siga haciendo lo que está haciendo hasta que nosotros logremos regresar y tener una conversación donde ellos se queden con una buena interacción por parte nuestra. Esto debemos pulirlo una y otra vez.

¿Te das cuenta de cómo pensamientos inocentes cobran tantos impuestos en uno? Así son los pensamientos; parecen razonables a simple vista; sin embargo, adquieren un papel muy importante en nuestras acciones y en quiénes somos frente a nosotros y frente al mundo. Te invito a que te cuestiones todos los pensamientos que te limitan, que te roban la paz o que te colocan a la defensiva, sin amor. Te sorprenderás del poder de este trabajo. (Para más detalles, visita la página de Byron Katie: www.thework.com.)

Si tus hijos hacen o sienten algo que resulta inquietante para ellos, puedes ayudarlos a eliminar sus pensamientos limitantes con este método. Si su comportamiento claramente les hace daño, o se lo hacen a alguien más, necesitas discutir dicho comportamiento con ellos, pero desde la curiosidad.

Mientras que tengamos creencias como: "Yo soy el jefe" o "Mi trabajo es tener resultados con mis hijos", "Mi labor es decir y no escuchar", nuestra intervención será contraproducente. Cuando eres papá, mamá, estás (o deberías de estar) en un estado constante de aprendizaje, crecimiento y desarrollo. Mediante la eliminación de creencias inhibidoras y el aprendizaje de métodos educativos eficaces, harás tu experiencia de educar a tus hijos mucho más rica.

Creencias comunes

Existen un número de creencias comunes en nuestra cultura interesantes de explorar. Evalúa si alguna de ellas vive en ti para evidenciarlo con el método de BK:

Número 1

Yo soy responsable por el comportamiento de mi hijo.

Esta creencia inhibe el desarrollo de su independencia y de su autoestima. Tu intención puede ser benevolente, pero el resultado que genera es que ellos duden de sí mismos. Las consecuencias del comportamiento de ellos debe terminar siempre en ellos, no en uno.

Número 2

Los niños deben comportarse como adultos.

Un niño a quien se le repite constantemente "¡no hagas esto!, ¡no hagas lo otro!" —cuando realmente no está haciendo nada que no sea natural para su edad—, experimentará los "no hagas" como una invalidación personal, en lugar de una instrucción paterna. El niño probablemente concluya: "Hay algo malo en mí; no puedo hacer nada bien. Entonces, ¿para qué me molesto en tratar de mejorar u obedecer?"

Número 3

Los niños deben controlar sus emociones.

Cuando un niño que se siente enojado, triste o alterado, y nuestra reacción es decirle: "No estés triste… no estás realmente enojado con tu amigo; eso no debería de hacerte sentir mal" o "No llores", lo más probable es que llegue a la conclusión: "Hay algo malo en mi forma de ser; lo que siento no importa; no puedo confiar en mis sentimientos". Las consecuencias de las creencias formadas como resultado de la interacción con nuestros hijos generan creencias en las que ellos experimentan una limitación, en lugar de un potencial ilimitado.

Número 4

No podemos confiar en los niños.

Un niño que constantemente escucha a sus padres decir: "No puedo confiar en ti…", concluye: "No soy de fiar", "Equivocarme es malo".

El niño que no puede decidir por sí solo qué es lo mejor para él, vive con inseguridad, pues cree que probablemente eche a perder las cosas si alguien no le dice qué hacer y cómo hacerlo.

Número 5

Yo soy el jefe.

Una creencia especialmente perjudicial en la crianza es: "Lo hacemos como yo diga porque yo soy el papá". En otras palabras, "yo soy el jefe, sólo porque soy el papá o la mamá."

Durante un día un hijo puede preguntar:

"¿Me puedo comer una botana?", "¿puedo invitar a un amigo?", "¿puedo ver la tele?" y no hay objetivamente una respuesta correcta para estas preguntas. La respuesta es arbitraria. Algunas veces a la misma pregunta das una respuesta, otras das una distinta. ¿Por qué una o la otra? A lo mejor por cómo te sientes en ese momento. O, aunque pienses que tienes un motivo, se puede argumentar igual de bien con otra respuesta. Si tu hijo te desafía y te pregunta: "¿Por qué?", puede ser que tú contestes: "Porque yo soy tu papá (o tu mamá)".

Cuando nos damos cuenta de qué respondemos con el fin de sentir nuestra autoridad, es más efectivo decir: "No pienso que tengo una mejor respuesta a esa pregunta que tú". "¿Tú qué crees? ¿Por qué piensas eso?"

Lo importante es no anular al niño, pues, ¿qué conclusión formarían los niños si lo que quieren es anularlo con frecuencia y sus padres inhabilitan sus juicios?

Cuando preguntan: "¿Por qué no puedo?", y escuchan a sus papás contestar: "No necesito darte una razón, soy tu mamá (o tu papá)", el niño puede pensar: "Lo que yo quiero no es importante. No tengo control sobre mi vida. Yo no importo; las razones no son importantes; sólo el poder es importante".

Número 6
Mi trabajo como padre es tener resultados con mis hijos.

Esta creencia, probablemente más que ninguna otra, roba a mucha gente la alegría de ser padres y propicia que sus hijos desarrollen creencias negativas. Muchos padres creen que lo mejor en cualquier interacción con sus hijos es lograr algún resultado en específico: terminar el libro que leen, cepillarse los dientes, jugar siguiendo las reglas, vestirse, comer, etc. Dicha creencia probablemente está acompañada con la que dicta: "Un padre exitoso es el que logra que sus hijos lo obedezcan y den resultados". La mayoría de los padres consideran que el mayor premio es que le digan: "Tu hijo se porta muy bien".

Muchas frustraciones experimentadas por los padres surgen cuando su hijo quiere hacer algo diferente a lo que el padre quiere que haga. Si el objetivo es que sus hijos tengan un comportamiento específico y que cumplan con ciertas tareas, están condenados al enojo, pues, en general, los niños no cooperan de la manera en la cual esperamos. Esto proviene de la suposición, por ejemplo, de que cepillarse los dientes es limpiarse los dientes; que jugar es seguir las reglas; que leer un cuento es terminarlo. ¿Por qué? ¿Quién dice que eso debe de ser así? Tú decides. Los niños no tienen las mismas expectativas ni los mismos estándares que los adultos. Si sueltas creencias limitantes, la frustración desaparecerá.

Número 7
Yo tengo el poder.

Probablemente la creencia más común entre padres, la que destaca por encima de las demás, es: "Los papás tienen el poder de determinar cómo es y cómo será la vida de sus hijos".

Piénsalo. Tus acciones y tus declaraciones influyen o modelan tu comportamiento frente a tus hijos. A veces pensamos que cuando les enseñamos modales en la mesa, buenos hábitos de estudio, a mantener limpio su cuarto, a cómo deben relacionarse con los otros, tenemos un impacto valioso y verdadero en su educación. El problema es que esto se queda en la superficie, aunque aprendan a comportarse en la mesa y tengan buenos hábitos de disciplina. En el fondo, el gran impacto al crecer no va en función de lo que aprendieron y sintieron cuando eran niños; sino en función de las creencias que se formaron en la niñez. En otras palabras: tratar de controlar su comportamiento o sus creencias, produce un ambiente poco funcional en el que el niño no encuentra su individualidad.

Por el contrario, los padres tienen el trabajo de modelar aquellos atributos para que tengan valor como individuos; más aún, deben darse cuenta de que son responsables de crear un ambiente en el que los niños sean propensos a formar un autoestima y un sentido de la vida positivo; saber, sin importar lo que hagamos, que no es posible controlar las decisiones que tomen en un momento dado, ya que será parte del camino de su vida.

Cuando nuestras creencias generan abuso

Muchas creencias son las raíces que influyen en un comportamiento paternal ineficaz. Cuando un padre tiene creencias como: "Ser quien tiene el control me hace sentir poderoso", y opera desde este lugar, en el fondo, lo que ocurre es que no se siente importante o suficiente, junto con la ansiedad asociada que esto conlleva.

El abuso verbal o físico que surge de semejantes creencias es el intento por ganar nuevamente el control, y para cubrir la ansiedad experimentada al permanecer sin él. El dominio nace del miedo. Pensar que controlan a sus familiares es sólo una ilusión. Aprendamos lo siguiente: el verdadero poder se genera en cuanto se suelta el control; así, la ansiedad desaparecerá. Si nos entregamos a la confianza y al amor, las resistencias caerán; todo fluirá con facilidad.

A veces decimos: "Me haces enojar", "Me molesta cómo comes", "Me frustra que no hagas lo que te pido", "Me enoja que seas así". Estos mensajes son alarmas exteriores de cómo nos sentimos. Es importante hacer la distinción de que nadie puede hacernos sentir de determinada manera si nosotros no lo permitimos. En donde sí decidimos es en nuestros sentimientos frente a lo que hacen los demás. Esto nos abre un mundo de posibilidades; realmente abre la puerta a la armonía en la familia. Que cada persona se haga responsable de sus reacciones, y que no use los actos de otros para justificar su infelicidad.

No necesitamos estar llenos de creencias para ser padres efectivos. Aligera el trabajo reconocer que el papel más importante como padres es mantener y cultivar el amor de nuestros hijos (por ellos mismos y por el mundo) y tener un sentido de la vida positivo. Las creencias firmes a mantener son las de intervenir cuando estén por hacer algo que los va a lastimar.

Las experiencias son las maestras más efectivas que tendrán los niños a lo largo de la vida. Ellos aprenden dos cosas complejas de la interacción con la realidad: a caminar y a hablar. Esto no significa que no se les aliente o reconozca, aconseje o apoye, pues lo último debe ser una constante. Sin embargo, cuando se trata de decidir lo que pueden y no pueden hacer, es importante otorgarles la posibilidad de aprender y evaluar lo que eligen, junto con sus consecuencias. A menos que pueda existir el riesgo de que sufran un daño, entonces, con amor, debes explicarles tu posición.

Nuestra opinión no vale más que la de ellos simplemente porque somos los padres. Si su comportamiento es dañino, no decimos que no actúen de esa manera, sólo por tener la autoridad, sino porque somos responsables de su bienestar hasta el momento en que puedan hacerse cargo completamente de sí mismos. ¿A qué edad será eso? Tal vez cuando se gradúen de preparatoria y vayan a la universidad. O tal vez antes, o quizá después; pero no hay respuesta correcta. Con cada hijo e hija evaluaremos la relación de manera distinta. Aunque sean adultos, si hicieran algo que les causa daño, estaríamos atentos de alertarles por su bienestar.

Los niños nacen con sabiduría

Existen evidencias de que los niños ya nacen con un experto dentro; muchas veces, como padres, nos oponemos en su camino. Por ejemplo, al papá de Leonardo da Vinci le molestaba que los intereses de su hijo cambiaran cada mes: primero dibujar, después ingeniería, después ciencia, luego la naturaleza. Él concluyó que su hijo nunca lograría algo bueno en la vida. No se dio cuenta de que su hijo se preparaba para ser un hombre del Renacimiento, y más aún: un genio en todos esos campos.

Cuando era niño, Albert Einstein era un soñador, empezó a hablar relativamente tarde y tenía malas calificaciones en matemáticas. Picasso siempre dibujaba en las paredes, un comportamiento considerado inaceptable. Thomas Edison constantemente desarmaba cosas que no podía después armar; al crecer, realizaba experimentos químicos que explotaban en el sótano. No hay duda de que los padres de estos niños se pasaron días preocupados y ansiosos por el comportamiento "disfuncional" de sus hijos. Hoy en día, estas historias nos dan tranquilidad. Si tratamos de cambiar el comportamiento de nuestros hijos, podríamos modificar lo necesario para su desarrollo apropiado y único. Si nos concentramos en asistirlos para crear una autoestima alta, además de un sentido positivo de la vida, el llamado "problema" de conducta no tendrá importancia. Para este punto es importante examinar tus creencias acerca de la educación y eliminar aquellas que provocan una interacción inapropiada con tus hijos. Saber cómo interactuar de manera que, tanto tú como ellos actúen con base en el amor, el respeto y bienestar. Sus conversaciones deben tener el propósito de construir y no de destruir la relación. Cuando tus hijos son cariñosos, violentos, críticos o amorosos contigo es porque tú has hecho que sean de esa manera. Explora si esto que ves en ellos también tú lo haces. Ellos son tu espejo.

Capítulo 3

Responsabilidad y amor

Hay etapas en las cuales puedes sentir haber fallado como padre o madre. Probablemente porque tus niños no llenan tus expectativas (han dejado la escuela, actúan de maneras que no apruebas, tienen adicciones o han estado en cualquier número de situaciones difíciles). Los padres que se culpan asumen la responsabilidad por las decisiones y las acciones de sus hijos.

Como padres, lo más importante para enseñar a nuestros hijos, desde que comienzan a interactuar con su medio ambiente, es que ellos son responsables. Si tu hijo de 16 años quiere dejar la escuela, no tienes el poder sobre su ámbito. Puedes decirle hasta el cansancio lo que piensas y cómo quieres que viva su vida, pero si de todas maneras renuncia al colegio, es importante que le digas: "La decisión es tuya; debes considerar las consecuencias, tú eres el experto en tu vida. ¿Cuál es tu propósito a corto y a largo plazo y cómo se alinea esto con lo que deseas construir? Todas las decisiones tienen consecuencias y debes estar consciente de querer vivirlas". Si te contesta que de cualquier manera dejará la escuela, es mejor permitirle que asuma las consecuencias, que experimente lo que ha decidido vivir. Las elecciones de tus hijos no son culpa tuya, sino su responsabilidad.

Es importante que no tomes las decisiones de tus hijos de forma personal. Diseña límites amorosos; es decir, si en este caso ya no va a ir a la escuela, probablemente ya no tendrá el mismo apoyo económico de tu parte. Deberás determinar cómo fortalecerte frente a sus elecciones, que sepa que lo que hace no determina el amor que le tienes. De esta manera queda claro que tus hijos toman sus decisiones a partir de la relación con ellos mismos y no para generar dinámicas contigo de poder, ataque, agresión, etc. Tu poder consiste en estar bien en amor y respeto. Tu responsabilidad es tu vida y cómo apareces frente a ellos. Si nos volvemos víctimas de sus decisiones perderemos el poder, viviremos enojados, en frustración y así nos mostraremos en la relación con ellos.

Cada ser es responsable de sus decisiones. Por ejemplo, cuando tu hijo no quiera ir a la escuela dile: "Si no quieres ir a la escuela, es tu decisión". Algunos padres piensan que si dejamos a nuestros hijos tomar las decisiones, entonces no irían a la escuela o comerían mal, no harían la tarea, etc. Pero, ¿estás seguro de que ellos cumplirán con sus responsabilidades sólo porque tú les digas lo que deben de hacer? Hace algunos años hice un experimento. Descubrí que los niños desean complacer y ser funcionales. Tienen un gran sentido común y de responsabilidad si les permitimos que se conozcan y confíen en sus habilidades y en su autocontrol. Mis hijos tienen 10 y 11 años, y hace tiempo dejé de decirles qué hacer. Les enseño con el ejemplo, es decir, forjo en mí lo que admiro en los seres humanos y soy lo que quiero que ellos aprendan de mí.

Para mi sorpresa, mis hijos se levantan solos, preparan su desayuno, se arreglan, hacen su *lunch*, y cuando llegan de la escuela como con ellos. Después hacen su tarea y yo trabajo a su lado. Me asombro de cómo valoran su vida, se organizan y deciden lo mejor para ellos. No tengo más que respeto por los dos, y valoro su opinión. Si les pido que falten a la escuela, por un viaje u otra actividad, veo cómo planean para cumplir con su compromiso escolar, observo cómo se comprometen con lo que quieren. Es su mundo, su vida. Finalmente, el mensaje que quiero transmitirles es: *me importas; te respeto; me pareces inteligente, sensible; quiero que vivas la vida que decidas vivir y mi mayor labor como madre es amarte y ofrecerte ser el mejor humano que puedo ser a cada momento.*

Aceptar que tu hijo debe ser responsable ante sus decisiones es hacer a un lado tu ego, es educar desde el amor y no desde el poder. Por ejemplo, si tu hijo quiere salir a jugar en un día frío, en vez de obligarlo a que salga con una chamarra, dile: "Si sientes frío, regresa por un chamarra". La actitud del niño va a ser completamente diferente si le das la responsabilidad de tomar sus decisiones. Si el padre o la madre toman las decisiones por él, el niño tenderá a rebelarse, a actuar con inseguridad, porque puede concluir que lo que desean con ello es colgarse medallas, que cumpla sus expectativas o que sus deseos son de menor importancia que los suyos.

Si tu hijo te pone a prueba, dile: "Si eso te hace feliz, hazlo". Descansa sabiendo que él va a pensar dos veces antes de actuar al saber que la decisión es suya. Su sentido común entrará en funcionamiento si los dejamos a su suerte.

Un acto de tus hijos se convierte en tu problema cuando su decisión afecta tu espacio. Si eres el papá de un adolescente al que le gusta invitar a sus amigos a tu casa a las dos de la mañana, eso probablemente afecte tu espacio. Entonces, tienes el derecho a decirle: "A esta hora yo necesito dormir; esta casa es de todos y nos tenemos que respetar los unos a los otros".

A algunos padres les inquieta entregar la responsabilidad personal a su hijo. Tu mayor responsabilidad es amarlo y guiarlo. Acuérdate de tu infancia: ¿qué es lo que destaca en tu mente? Quizá la presencia de tus papás, su amor. El elemento crítico entre la relación padre e hijo, o en cualquier otra relación, es el amor, el que das y el que recibes.

El amor

El amor implica dar a alguien el espacio y la libertad que necesita para desarrollarse, crecer, madurar y evolucionar como ser humano; también está relacionado con respetar nuestras necesidades de libertad.

Amar es respetar los deseos de la otra persona, sin importar si los entendemos o si estamos o no de acuerdo con ellos. Cuando tratamos de controlar lo que el otro piensa o dice, quiere decir que no respetamos su espacio vital. Al hacerlo, también perdemos el espacio propio. Cuando el espacio de ambos se mezcla de esta manera, las personas se sofocan mutuamente y se delimitan las posibilidades de crecimiento que la relación pudiera darles.

> Todas las cosas vivientes necesitan espacio para ser. Es a partir de éste que mantienes el balance y te acercas a otros con más fuerza y con mayor claridad.

El reto de amar es no estar de acuerdo con el otro; y su éxito se manifiesta al no intentar cambiarlo, al entender que es nuestro ego el que asume que nuestra manera de pensar es la correcta. Recuerda: el ego construye las expectativas colocadas en las relaciones.

Naturalmente, nos gusta que las personas que amamos sean felices, pero usamos nuestra noción de lo que significa la felicidad para conseguirlo. Si un joven decide usar drogas, es porque necesita experimentarlas. Como papá, o como cualquier otra persona, debemos comprender que no es funcional para la relación juzgarlo, ridiculizarlo o tratar de controlar su vida. La responsabilidad de la decisión es de él. Parará de tomar drogas cuando haya aprendido lo que necesitaba entender. Después enfrentará las consecuencias. Nadie puede hacerlo por él. Aunque sea difícil dar un paso atrás para dejarlo actuar, porque nos sentimos impotentes, es más dañino para ese joven estar rodeado de padres que siempre le dicen que está mal y que hacen todo para tratar de detenerlo; lo que vive es el rechazo y no se siente amado.

Guíalo amorosamente y, sin enjuiciarlo, muéstrale las secuelas. Dile: "Escúchame, no comprendo lo que haces, y a veces me da miedo, pero si eso es lo que necesitas hacer, respeto tu decisión; yo sé que tomarás la decisión correcta. Cuando determines que quieres hablar sobre eso, estaré aquí para escucharte". Dale su espacio. Te respetará y aprenderá a respetarse a sí mismo una vez que aprenda a tomar responsabilidad de sus acciones. Si decide que necesita ayuda, tendrá la confianza necesaria para pedírtela.

El amor y el respeto van de la mano. Respeta la individualidad de tus hijos. Si quieren tener el pelo largo, no estudiar, comer o pensar diferente, es su elección. Es parte de quienes son en ese momento. Enséñales esta manera de amar sin condiciones. Transmíteles, aun siendo bebés, que sus papás los respetarán y guiarán siempre, y que ellos serán responsables de sus decisiones. Asegúrate de que estén cuidados y dales su espacio. Esos niños evolucionarán rápido, y estarán mejor preparados para manejar sus vidas.

El amor tiene un gran poder curativo. Es una vibración poderosa. Cuando te llenas de amor, las vibraciones son tan fuertes que todas las personas que están alrededor de ti se sienten mejor al estar presente. Creerás que los otros han cambiado, pero más bien responden a tus vibraciones positivas.

Existe un paradigma muy importante (salvador de muchas relaciones): "Tomamos las mejores decisiones basadas en el conocimiento que tenemos en un momento determinado –gracias a nuestra visión del mundo (creencias, circunstancias inmediatas, distinciones, madurez o inmadurez emocional, consciencia, influencias, etc.)". Esto salva a nuestros padres, a nosotros mismos y a otros. Generalmente nos despertamos con la intención de hacer lo mejor posible. Casi nadie se despierta (incluyendo a tus papás, si los culpas de algo), pensando: "¿cómo me equivoco hoy?, ¿cómo hago lo peor posible para mí y para los otros?" Salimos al mundo echándole ganas, aunque muchas veces el estrés, nuestras incapacidades emocionales, nuestras creencias o el cansancio se filtran en nosotros, y los actos no aparecen reflejados en una vida funcional o amorosa. Desde esta perspectiva es importante observar a los otros, a uno mismo y a nuestro pasado.

En relación con lo que sabíamos en ese momento de cómo nos sentíamos y de lo que observábamos que era posible, hicimos lo mejor que pudimos, a pesar de que después nos quedara claro que otras posibilidades hubieran sido mejores. Por dicha razón es importante aceptar nuestras decisiones, y no perder el tiempo arrepintiéndonos. Es la misma razón por la cual es importante aceptar las decisiones de los otros. Ellos toman la mejor decisión que pueden en ese momento. Si alguien a quien amas decide algo con lo que no estés de acuerdo o sientes inapropiado, dile: "Si eso es lo que eliges, lo respeto. Quiero que sepas que siempre te voy a amar". ¿Te imaginas lo que esa oración puede lograr en una relación? Es muy nutritivo escuchar esto como una constante en la relación con nuestros hijos. Es muy importante que tus padres tengan confianza en ti.

Si todavía piensas en cosas que te hubiera gustado cambiar de tus papás y sigues relacionándote con ellos a través de conflictos o culpas, es importante soltar los juicios e ideas y enfocarte en el amor. A pesar de cómo lo expresaron, o de cómo son, ellos actuaron de la mejor manera que pudieron. Trata de verlos con ojos nuevos y sabrás, desde tu corazón, que hicieron lo mejor que pudieron. Al cuestionar tu mente y revisar el pasado te darás cuenta de que no hay nada que perdonar, pues no es nuestro trabajo juzgar, entender, descifrar; la única tarea es la respuesta, la responsabilidad: responder desde la paz y el amor hacia uno mismo. Ése es el regalo, la libertad y el poder.

Para romper con las historias negativas de tus padres no es necesario entenderlos. La mente quiere entender, el corazón no lo necesita, él recibe lo que es. Aléjate de tus prejuicios. El corazón reconoce el sentimiento, no tu cabeza. Trata de ir más allá de los razonamientos. Una vez me preguntaron: "¿Desde dónde vives a las personas? ¿Desde la mente o desde el corazón?" Cuando yo me pregunté lo mismo, en ese momento se abrió una distinción importante para mis relaciones: ¿desde dónde las vivo? ¿Las trato de entender?... Las relaciones deben vivirse desde el corazón.

Con frecuencia percibimos algo como malo, y después nos damos cuenta de que no fue ni bueno ni malo, simplemente fue. Esto me gusta del coaching, no separa la vida en dualidades; reconoce que vemos la vida por medio de nuestras creencias y que juzgamos lo vivido a través de ellas. Propone que cambiemos bien y mal por funcional o no funcional, según nuestro propósito. Por lo tanto, es más productivo ver los actos de los otros quitándoles el juicio y las creencias; neutralizándolos, no tomando sus acciones de manera personal. De esta forma será probable que no nos afecte lo que otros hicieron, y se evapore lo que evaluábamos como malo. Cuando le pedimos a nuestros hijos que cambien para que cumplan nuestras expectativas, lo que realmente comunicamos es que nos sentimos superiores; mandamos el mensaje: "Yo soy mejor que tú". De alguna manera decimos: "Yo te voy a enseñar a ser perfecto, como soy yo. Yo tengo tus respuestas y sé lo que es mejor para ti; yo sé cómo deberías de haberlo hecho bien". Al intervenir así en una relación, lo que conseguiremos es resistencia y rechazo.

Más allá del amor

Amar a tu hijo incondicionalmente te coloca en la sintonía de su esencia y sus virtudes. Cuando esto sucede, él sigue su intuición, escucha su voz interior y confía en sí mismo, con el fin de que se revele su misión, sus talentos, y sus grandes deseos. Para el niño es importante saber que sus papás estarán ahí para apoyarlo. He aprendido que es imposible entender las dinámicas de una relación desde afuera, así que no debemos juzgar a los padres que parecen indiferentes frente a sus hijos. A veces, esa supuesta indiferencia al dejar ser a los niños, probablemente construya ese espacio que permite que el pequeño pueda florecer.

Hasta hace muy poco se creía que la felicidad de las personas nacía de poder controlar a los demás y que era posible que nuestros familiares hicieran y tuvieran los resultados que a nosotros nos satisficieran para cultivar *nuestra* felicidad y realización. Por lo tanto, se volvió imperativo pensar que teníamos el control sobre ellos para que nuestras expectativas de felicidad y satisfacción se cumplieran. Ahora sabemos que la felicidad es la obligación y la responsabilidad de cada ser humano; nosotros no tenemos el control ni la oportunidad de cambiar a otros, ni de que tomen las decisiones que nos parecen mejores.

Muchos tenemos miedo de aceptar a la gente tal y como es. Pensamos que equivale a decir: "Estoy de acuerdo con eso"; sin embargo, lo que en realidad expresamos es: "Te amo y te respeto lo suficiente como para aceptar que éste es quien eres hoy y que haces lo mejor que puedes".

Encontrar alegría en las cosas simples

En 1900, hacia el final de la dinastía Ch'ing, China se encontraba en discordancia y agitación. Los países europeos la habían conquistado. Fácilmente estaban dominando la escena con su superioridad tecnológica y potencia de fuego. Los militares chinos antiextranjeros pelearon, aunque no tuvieran esperanzas de ganar, ni las mismas armas.

El conflicto creció, hasta que Beijing se convirtió en un campo de batalla. La situación se fue haciendo cada vez más peligrosa hasta que ya no era prudente que la emperatriz Tzu-hsi viviera en el palacio. Escoltada por guardias y sirvientes, huyó al campo.

El miedo y la incertidumbre se apoderaron de la viuda emperatriz. ¿Qué le pasaba a su palacio, a su ciudad, a su país? Nunca en sus 65 años se había sentido tan vulnerable. Parecía como si la violencia que dejaron en Beijing los fuera a alcanzar en cualquier momento, amenazando su propia seguridad.

Unos días después, se encontraron con un pueblo; realmente necesitaban un descanso. Entonces decidieron que ese sería su refugio. Después de la guerra, que parecía que nunca acabaría, Tzu-hsi estaba físicamente exhausta, emocionalmente agotada, y muy hambrienta. Ordenó que todos los alimentos fueran llevados al mismo tiempo, lo más rápido posible ante su mesa.

Los granjeros prepararon una comida de la mejor calidad, aunque no era mucha pues eran muy pobres. Después de mucho mendigar, lograron cocinar arroz con leche y caracoles.

Para Tzu-hsi la comida estaba extremadamente deliciosa. Le gustó tanto que se sirvió tres veces. Nunca en su vida había probado algo tan exquisito. Curiosa, preguntó: "¿Cómo llaman a estos deliciosos platillos?"

Los granjeros sabían que la comida que le habían servido era muy común, y que hacerla no tenía ningún arte. Pero hasta en los tiempos de desastres, todo lo que la emperatriz tocara debía estar a su nivel.

—"... Su majestad, acaba de comer sopa de perlas y ojos de fénix guisados" —le dijeron.

La emperatriz pensó en la comida del palacio. Cada platillo era un banquete deliciosamente elaborado, con cientos de entradas, todas preparadas por los mejores chefs. Aunque estos chefs fueran los mejores en toda China, ninguna de sus creaciones culinarias había satisfecho su apetito como la que acababa de comer.

Un tiempo después, cuando la guerra finalmente terminó, Tzu-hsi pudo regresar al palacio. Cuando estuvo instalada, cómoda y segura, pensó en su experiencia. Se acordó de la sopa de perlas y de los ojos de fénix guisados. Lo único que podía pensar era en que quería comerlos de nuevo. Pero cuando les dijo a sus chefs, ellos juraron que nunca habían escuchado hablar de tal cosa.

La viuda emperatriz nunca descubrió el secreto. Sus chefs tenían muchísimas habilidades y talentos, pero aun ellos no le podían dar el elemento crucial que ella necesitaba: el hambre. Ella era la única que podía crear este ingrediente mágico para sí misma, el secreto que hace a cualquier comida deliciosa.

El Tao

Acabamos de leer una buena ilustración del principio del Tao de simplicidad. Como la emperatriz, tú y yo vivimos vidas elaboradas y complejas. Las cientos de entradas son todas nuestras atracciones materiales, distracciones y tentaciones que se nos presentan diariamente. Al participar en estas delicias, nuestros sentidos se vuelven insensibles. Nuestros apetitos se transforman en obsoletos, y nos preguntamos: ¿qué le pasó a la alegría de vivir? ¿Dónde está ese viejo gusto por la vida? ¿Dónde está el gusto por disfrutar a nuestros hijos?

Capítulo 4

Padres que nutren

La importancia de confiar en nuestros hijos

Tener confianza en nuestros hijos es fundamental. En un estudio de padres con hijos sobresalientes por su creatividad, amor y empatía, decían, una y otra vez, lo mucho que ellos confiaban en el juicio y decencia de sus niños. Un papá dijo: "Yo creo en la bondad de los niños". En el mismo estudio, los padres describieron la confianza como una actividad no como una actitud: "Debes enseñarles a tus hijos cómo ser dignos de confianza. Tienen que saber lo que te hace confiar en ellos para que puedan cultivar y confiar esas cosas de sí mismos".

Antes de que la confianza pueda existir, es preciso que un niño sepa lo que sus padres quieren decir con buen juicio y buena conducta moral. Los padres que nutren, confían en la justicia de sus hijos porque ellos han demostrado justicia. Confían en el juicio de sus hijos porque les han enseñado cómo tomar buenas decisiones. Confían en la buena conducta moral porque los han educado en una casa con buenos principios morales. Después, los niños necesitan *practicar esas habilidades*. Los padres que nutren ayudan a sus niños dejándolos tomar decisiones y asumir responsabilidades mientras crecen. Una mamá dijo: "Mi hijo quiere tomar buenas decisiones. Así que busca lo que es bueno". Otra mamá se expresó así: "Los errores son valiosos y enriquecedores".

La mayoría de los niños son comunicadores entusiastas; el que lo sigan siendo depende de las respuestas que dé la gente que los escucha.

Es importante reconocer que los niños tienen derecho a poseer pensamientos privados. No critiques o juzgues sus actitudes, creencias y valores. Escucha los mensajes ocultos en la conversación con ellos. Por ejemplo, busca los sentimientos detrás de sus comentarios. Cuando los niños dicen cosas que son envidiosas, vengativas o sin pensar, normalmente quiere decir que hay algo que los lastima, algo sucede debajo de la superficie. En otras palabras, estos comentarios son *llamados de amor*. No entres en una discusión, no reacciones formando una crítica. *Responde a las emociones, no a las palabras.*

Parafrasea los comentarios de tu hijo: "¿Sientes que la maestra fue injusta?" También es importante que te fijes en su lenguaje corporal. Cuando las palabras y el lenguaje corporal digan dos cosas diferentes, siempre créele al segundo.

Formula preguntas, no para guiar a tu hijo hacia tu punto de vista, sino para que él construya uno propio. El trabajo de tus hijos no es complacerte. Respetar la autonomía de un niño también implica enseñarle que él es responsable de sus propios errores. *Sus errores no se reflejan en los padres, se reflejan sobre el niño.*

Los premios

La dinámica que generan los premios provoca que el niño los busque por encima de otros objetivos. Lo que los otros piensan se convierte en lo más importante para él. Como una madre explicó: "Premiar a tus hijos los hace sentir que tú eres el juez, así que ellos no aprenden a examinar objetivamente su trabajo". Cuando esto pasa, ellos trabajan para que los demás los aplaudan. Si los aplausos son el objetivo, la creatividad desaparece.

Premia el esfuerzo con amor. "¡Te felicito por tu esfuerzo!" "¡Debes de sentirte bien por haber terminado tu tarea!" Sin embargo, es muy importante explicarles que lo que las otras personas piensan no es tan importante como lo que ellos piensan.

Está bien que des tu opinión y compartas tus críticas constructivas, pero siempre después de que ella/él haya dicho lo que opina. Con su propia opinión, elaborada, es más fácil que valoren la tuya.

Los padres que nutren cuelgan el arte de sus hijos en la casa, los escuchan practicar música, mandan sus cuentos a su abuela. Proveen lecciones, herramientas, equipos de trabajo y oportunidades.

Una madre expresó: "Mi hijo está lleno de intereses, ¿por qué debería forzarlo en una dirección que no quiere tomar?" Un adolescente que tiene una buena relación con sus papás contestó: "Yo sé que no me van a forzar a hacer algo que no quiera hacer, entonces, ¿por qué se molestarían en decirme algo si realmente no creyeran que es importante?"

Disfrutar

Disfruta a tus hijos. Pasen tiempo juntos, como familia, trabajen en proyectos, planeen, sueñen, viajen.

Algunos buenos hábitos con tu familia son:

• Hablar desde tu trabajo para saber cómo están. Te pueden contar las últimas noticias y puedes contestar cualquier pregunta urgente que les surja. Exprésales que piensas en ellos.

- Si tu hijo se va a dormir antes de que tú llegues a casa, pídele que te deje una nota o un dibujo acerca de algo importante o emocionante que haya pasado durante el día. También puedes dejarle una en su almohada para que la vea al día siguiente, cuando se despierte.
- Tus hijos pueden tomar fotos que te mantengan en contacto con su vida. Si sales de viaje, diles que te enseñen lo que hicieron, dónde estuvieron y cómo se sintieron.
- Lleva a tu hijo un día a tu trabajo después de clases, si es práctico y posible, para que lo conozca. Después hará su tarea.
- En un lugar transitado de tu casa deja un cuaderno en el que todos puedan apuntar chistes, pensamientos, preocupaciones e ideas.
- Si les cuesta trabajo organizar cenas o comidas familiares, júntense más tarde para el postre.

Proteger

Menos reglas para tener un mejor comportamiento. A pesar de la ausencia de reglas, los niños demuestran ser generosos, responsables, confiables, motivados, y tener dirección. La ausencia de reglas no implica la ausencia de límites. La diferencia es vital. Los padres que nutren transmiten valores, hablan con sus hijos acerca de su comportamiento, y toman medidas para protegerlos.

Un papá comentó: "El problema con las reglas es que desalientan la autodisciplina. Con reglas los niños no aprenden a controlarse por ellos mismos". Habla con ellos sobre las razones de los límites. Otra cosa que puedes hacer es permitir que sugieran cuáles deberían ser los límites que deben respetar. Esto les dará cierto orgullo y podrán aportar ideas que no se te habían ocurrido y que resultan importantes. Un papá dijo: "De lo que realmente estamos hablando es de dejar que los niños establezcan sus propias normas y que las sigan. Les proporcionará una agradable sensación de madurez saber que tienen este tipo de poder sobre sí mismos. En muchas ocasiones te darás cuenta de que normalmente los niños son más estrictos con ellos de lo que tú o yo lo seríamos".

A lo mejor te cuestionas: "¿No hay un momento en el que deba imponer mi autoridad?" La respuesta a esta pregunta es: supongamos que tu hijo hace algo con lo cual no concuerdas. En ese momento hablas con él o ella. Le dices exactamente las cosas que te preocupan (esto también puede ser un buen ejercicio para ti, para aclararte, pues muchas veces no sabemos con exactitud qué es lo que nos irrita; sólo sabemos que algo nos hace sentir incómodos); después, pide su punto de vista y lleguen a un acuerdo mutuo. Te sorprenderás cómo casi siempre se llega a una buena solución, inclusive entre los dos pueden crear una posibilidad que a ti no se te hubiera ocurrido.

Es importante examinar cada situación por separado, así será más fácil llegar a una solución razonable.

> Confianza, respeto, pláticas y compromisos, no reglas, son los elementos que los padres que nutren usan para proteger a sus hijos de cualquier daño.

Los papás les enseñan a sus hijos valores y actitudes. Por ejemplo, cuando cambian de trabajo y asumen retos nuevos, les enseñan el valor de tomar riesgos. Ten en cuenta que la influencia de la calidad del ambiente en el que crecen tus hijos es mucho mayor que la influencia genética.

Eliminar la creencia: "equivocarse es malo"

Enséñale a tu hijo que no sólo existe una forma correcta de hacer las cosas, sino muchas maneras buenas de hacerlas. Lo correcto es relativo. Enséñale que para lo que una persona puede estar bien para otra puede estar mal: "Puedo ver por qué funciona para José, pero, ¿qué crees que es lo mejor para ti?" El fracaso o equivocarse resultan ser más una interpretación que una realidad.

La palabra "fracasar", en coaching, no existe; se cambia por retroalimentación. Que las cosas nos salgan como esperábamos habla de que estamos en acción para alcanzar nuestros objetivos (es una muestra de esfuerzo, coraje, progreso, y determinación). Será eventualmente el acompañante del éxito. Grandes inventos, exploraciones y descubrimientos científicos no se hubieran logrado sin haber aceptado y valorado los errores.

Equivocarse es una parte integral de un desarrollo saludable. Un niño no aprendería a caminar si lo rescatan o encierran en su corral cada vez que se cae. Los niños tienen un impulso natural de tratar una y otra vez. Sin embargo, tarde o temprano, la mayoría desarrollan el miedo a fallar. Aprenden a responder al equívoco con pena, autorrecriminación o parálisis. Este miedo puede mermar su confianza en ellos.

- Enséñale lo natural que es cometer errores. Cuéntale cuando te equivocas, y demuéstralo con una actitud positiva. "*Oops, mi mami se equivocó, no pasa nada.*"
- Enséñale a tu hijo que los errores son maestros. Asegúrate de que lo entienda. "Hijo, eso no funcionó, pero, ¿qué quiere decir? Que no salgan las cosas como esperabas, quiere decir que cada vez te acercas más a una solución para ti; no que tú no seas suficiente."
- Ayúdale a tu hijo a aprender y a reírse de sus errores y de los tuyos. La mayoría se pueden corregir, olvidar o perdonar.

¿Por qué tomarlos tan en serio? *Enséñale a ir más allá de los resultados, a ver una mayor perspectiva.* "¿Qué es posible para ti ahora? ¿Qué aprendiste? ¿Cuál es tu siguiente plan de acción?", son peguntas que funcionan en este panorama.

- Cuestiona con el fin de fomentar la experimentación: "¿Cuál es otra manera de hacer eso? Probablemente lo puedes ver desde otro ángulo" ¿Qué crees que pasaría si...?"

Demorar la gratificación

Este rasgo se caracteriza por la voluntad de soportar el estrés de un esfuerzo prolongado con el fin de obtener mayores recompensas. Es vital para tener una personalidad sana. Siendo una sociedad que adora el producto, es fundamental enseñarles a nuestros hijos a disfrutar el proceso. Esto hará que ellos planeen, puedan permanecer en el presente, valoren los procesos y se puedan mantener libres de expectativas rígidas.

Originalidad

Muchos adolescentes comienzan a explorar su individualidad a través de su expresión física y su imagen, y lo que comunican son maneras de conocerse y dar salida a la autenticidad. Al vestirse o comportarse de forma diferente se autoconocen y expresan para tener confianza en ellos mismos. Al tiempo que declaran su individualidad y su naturaleza empática, aceptan como diferentes a otros y se promueve la tolerancia de las opiniones y los comportamientos de los demás.

Creatividad

Los niños creativos tienen la habilidad para producir muchas ideas sin tener en cuenta su calidad. Debemos respetarlas. Es mejor que vivan con todas las posibilidades que sus ideas generan y que se mantengan en un espacio de estímulo creativo. Las preguntas que funcionan son: ¿cómo funcionaría eso? ¿Cuál crees que será su uso primordial? ¿Qué quieres comunicar? ¿Has considerado otras maneras de hacerlo?

Al permitir que tu hijo ejerza su voluntad le estás dando la oportunidad de descubrir la sabiduría que se cultiva por medio de las acciones. En caso de que sean "correctas", aprenderán la importancia de ser ellos mismos y de defender sus principios. En caso de que sean "incorrectas", aprenderán a aceptar que estaban mal de la manera más adecuada: bajo su propia experiencia. Hay que estar al pendiente de no comunicar un "te lo dije". Es muy productivo hacer hincapié en las cosas que aprendieron de esa experiencia, y en cómo pueden hacerlas distintas en un futuro.

Desorden y administración de vida

Te puedes dar cuenta de que las mecánicas de tu hijo no están funcionando si constantemente rompe, pierde o se olvida de cosas; si entrega tarde sus tareas y trabajos; si no llega a sus citas, o sus compromisos no le importan.

Lo siguiente te ayudará a minimizar los efectos del desorden y a mejorar la administración de su vida:

Platica con él, con ella; averigua si tiene muchas cosas en las cuales piensa a la vez, quizá son demasiadas para él. Probablemente tiene mucho que hacer para la escuela (clases, deportes, obligaciones sociales y otros intereses). Lo que sucede con frecuencia es que en ocasiones el niño se encuentra saturado. Si éste es el caso, ayúdalo a encontrar una forma de diseñar su vida. Es muy positivo que los niños estén involucrados en varias actividades, *pero necesitan tiempo libre, silencio, espacio para regresar a su centro, para lograr claridad y estar en contacto con su ser interior.* Una alternativa es que tengan menos responsabilidades. Es importante reconocer y recordarles que nuestros límites no son una debilidad, sino un acto de responsabilidad.

Algunas señales de que está pasando por un mal momento son: cansancio, pesadillas, depresión (no escucha, se siente sin esperanza), miedos absurdos o actitudes y comportamientos que no manifestaba anteriormente. Si los detectas, fomenta que tu hija o hijo tenga un sistema que le ayude a su organización. Mientras que tome la responsabilidad de su trabajo (o de lo que no hizo), es importante que sepa que nosotros podemos ser un recurso que provee apoyos para que triunfe con sus objetivos. En estos casos las preguntas que podemos hacerle son: ¿cómo puedo ayudarte? ¿Necesitas que compremos un pizarrón, una agenda? ¿Crees que necesitas un tutor para que te apoye con lo que no comprendes de la escuela? ¿Quitamos algunas de tus actividades para que tengas tiempo libre para que puedas terminar tus pendientes?

No se trata de subsanar las responsabilidades que les corresponden, sino que sepan que somos un contenedor de apoyo para que logren su éxito.

Autocontrol

El autocontrol es una cuestión constante en nuestras vidas. Todos los días lo usamos. La mayoría de las personas se encuentran en una batalla con ellos mismos porque les falta autocontrol y los pensamientos de desamor los atacan constantemente. Por ejemplo:

"Estoy gorda"; "Debería hacer ejercicio", "Debería ser como ellos"; "Debo estudiar más"; "Debo de tener más cuidado con mis reacciones", etc. El autocontrol afecta nuestra autoestima, relaciones y potencial para el crecimiento y el éxito.

Existen personas que por falta de autocontrol se quedan sin crecer. Por lo tanto, viven situaciones donde ya no hay evolución o ya no logran sueños importantes para ellos. Les falta poder en sí mismas y fuerza de voluntad. Esta gente, que en muchas ocasiones es guiada por la obsesión y no por el autocontrol, está invadida de dudas. Ahora bien, los niños educados por padres que nutren escogen su propio camino; diseñan su vida; toman decisiones importantes para su madurez y transformación.

El autocontrol que permite alcanzar objetivos a largo plazo nace de tres fuentes:

Un sistema nervioso tranquilo

Usamos mucha energía en el tema emocional. Saboteamos nuestros esfuerzos inconscientemente cuando nuestros objetivos se desvían por no poder controlar las emociones. En el camino para lograr lo que queremos necesitamos desarrollar un sistema nervioso tranquilo. Es decir, inteligencia emocional. Escuchar en lugar de reaccionar. Responder desde un lugar emocionalmente válido ante lo que vivimos; dejar el drama y la victimización a un lado.

Las emociones se derivan de nuestros pensamientos; si estamos alterados emocionalmente es porque creemos en un pensamiento falso. Le hemos dado la interpretación más pobre a una situación y usamos esto para provocar nuestro sufrimiento. Es importante usar el método de BK para erradicar los pensamientos que alteran nuestras emociones. Así tendremos más energía para lograr nuestros sueños.

Enseña a tus hijos a relajarse. Si viven con ansiedad no serán capaces de pensar claro y mantener sus objetivos. Muchas formas de meditación, yoga, y relajación han sido creadas para reducir estrés y permiten experimentar efectos calmantes. Lo que también relaja a los niños son las artes, la música, el sentido del humor, los abrazos y que a ti te vean relajado.

Para el autocontrol se necesita tener una pasión y una estrategia. Pregúntale a tus hijos: "¿Qué harías si tuvieras una varita mágica?" Algunas de las respuestas estarían fuera de este mundo. Pero otras, incluso las más locas, no son imposibles. Todo eso que él sueña hoy, que quiere vivir y lograr, es muy importante. El niño debe sentir que eres cómplice de sus sueños, que serás su apoyo.

Propón a tu adolescente que termine la siguiente oración: "Si yo tuviera más autocontrol sobre mí, haría…" Primero termínala tú, para romper el hielo y dar un ejemplo de humildad y honestidad. Después hablen de lo que cada quien dijo y traten de buscar una manera en la cual se puedan ayudar el uno al otro. La retroalimentación acerca del progreso, los recordatorios y los ánimos son muy buenas manera de apoyarse.

Otra buena pregunta para conseguir autocontrol es: "¿Qué tipo de persona quiero ser?" Normalmente esta cuestión lleva a respuestas como: "Quiero ser una persona buena, generosa, chistosa, honesta, respetada, atrevida, etc." Una vez que los niños tengan identificados estos atributos, hablen acerca de qué tan próximos sienten que están de obtenerlos. Ayúdales a reconocer las situaciones en las que actúan de la manera que desean, y las situaciones en las que actúan de la manera que no desean con el fin de vislumbrar lo necesario para cambiar.

Una mente centrada y fiel

Fomenta que tus hijos sueñen despiertos. Es en el mundo de los sueños donde los objetivos son imaginados, es ahí también donde se encuentran nuestros intereses y donde los triunfos se alcanzan. Soñar despierto representa la base sobre la cual se construyen los logros. Fomenta en ellos su imaginación con el objetivo de crear su vida.

La visualización es una forma dirigida a crear tu futuro. Cuando visualizas algo ensayas la vivencia, la sientes, la ves y la saboreas. Visualizar puede ser muy efectivo. Para el cerebro no hay mucha diferencia entre vivir una situación o sólo imaginarla. Por ejemplo, si en este momento te imaginas que exprimes un limón agrio en tu boca, probablemente haya habido una reacción física en ti. El cuerpo, de alguna manera, vivió la experiencia.

Sugiérele a tu hijo que se visualice logrando sus objetivos. Esto es diferente a usar la imaginación, porque es un acto conscientemente dirigido. Que se imagine tranquilo, capaz y triunfante. Podrá verse sacándose 10 en un examen, ganando una carrera, caminando al escenario en su graduación, hasta ganando un premio Nobel. Puede usar esta estrategia cuando se sienta ansioso o le falte confianza.

Visualizar no sustituye el estudio, el entrenamiento o el trabajo, pero la imagen mental sobre lograr lo que quieren se convierte en algo alcanzable, y le ayuda a motivarse y a ejercitar el autocontrol necesario para llegar a sus sueños.

> El logro de objetivos aumenta considerablemente cuando se ha creído que se pueden alcanzar.

Ayúdales a tus hijos a entender que la mente puede ser aliada o enemiga. Un niño que gana control sobre su mente, gana control sobre su mundo.

Pasión

Es importante que la pasión de tu hijo vaya de la mano de su buen juicio, de su responsabilidad y de su voluntad de retrasar la gratificación.

Para fomentar la pasión expón a tu hijo a los placeres de la vida: una buena comida, nadar en un río, escalar una montaña, ver el atardecer, visitar una exhibición de arte. La pasión necesita que se encienda una chispa; facilítale oportunidades de ver, escuchar, tocar, probar y oler. Deja que se acurruque en una bolsa de dormir bajo las estrellas. Permite que despierte sus sentidos y su sensibilidad por la vida.

Los padres que nutren ven el proceso de educar como el camino de proveer buena tierra, agua y luz del sol. Platica con tu hijo, con tu hija, el significado de la palabra pasión para que vaya de la mano de los grandes deseos de su corazón. Es fundamental que le parezca natural que en su vida haya un pasatiempo, una actividad donde despierte su mayor creatividad, donde dirija a su espíritu para crear a través de él.

Tolerancia a la ambigüedad

Jacob Getzel, investigador de la Universidad de Chicago, dijo: "La corteza de la creatividad no es apartarse del mundo, es abrirse al mundo". Lo que la persona promedio considera difícil, las personas creativas lo encuentran interesante; lo que una persona promedio considera amenazador, la persona creativa lo encuentra emocionante. Esta tolerancia, más alta a la ambigüedad, fomenta la habilidad de responder creativamente. En esencia, las personas creativas tienen alta tolerancia a la ambigüedad y están más dispuestas a tomar riesgos. Entre más tolerancia se tenga, más se disfruta la vida.

Educar puede ser también el proceso mediante el cual los papás estructuran las actitudes de sus hijos para conquistar lo desconocido. Este proceso muestra su propia tolerancia a la ambigüedad. Es común que los padres que se enfrentan a la vida con miedo y desconfianza transmitan dichos sentimientos a sus hijos. En cambio, los padres que ven la vida con entusiasmo, confianza y valentía serán un modelo positivo para ellos. A los papás y mamás que se les enseñó a tener tolerancia baja a la ambigüedad pueden empujar a sus hijos a tener una tolerancia alta, pero se necesita autoconciencia para romper ese ciclo.

La mejor manera de medir la tolerancia a la ambigüedad de tu hijo es observando cómo reacciona a las circunstancias: ¿cómo responde ante nuevos compañeros, ante ambientes que no le son familiares, a ruidos o sensaciones físicas inesperadas?

> Fíjate cómo actúa ante la ambigüedad de la adolescencia sobre quién es, qué es lo que valora, hacia dónde va.

Los adolescentes viajan a un territorio virgen cuando empiezan a experimentar sensaciones que tienen que ver con la sexualidad, con la autoestima, con las expectativas de la sociedad, y la presión ejercida por otros. Es importante saberlo: la relación de "amor y conflicto" que pueden tener con sus padres es otro ejemplo de inestabilidad.

Los adolescentes con baja tolerancia a la ambigüedad puede ser que traduzcan sus errores como algo malo en ellos; es muy posible que sientan que el mundo está en su contra; toman las vivencias desde un plano personal para descalificarse. Tal vez, por esta razón, traten de manejar sus miedos y frustraciones con drogas o se retraigan del mundo; quizá traten de buscar el punto donde las normas sean menos rígidas para que sientan que fallan menos.

Los adolescentes con una tolerancia alta a la ambigüedad asumen la responsabilidad por ellos mismos. Toman sus propias decisiones y pueden ser flexibles acerca de ellas: son sensibles a sus propios sentimientos y a los de los demás; ven los contratiempos como rompecabezas por resolver.

Los padres que nutren ven la toma de riesgos como un requisito previo del crecimiento. Quieren que sus hijos tomen riesgos apropiados; además, las actitudes y los valores de la casa los fomentan. Estos padres confían en el buen juicio de sus hijos y algunas de sus actitudes o pensamientos son:

- Una buena comunicación asegura que las opciones y resultados sean discutidos.
- Los niños saben que la última decisión es de ellos (con lo cual abandonarán la necesidad de ser rebeldes).
- Una buena autoestima quiere decir que los niños no harán algo absurdo por probar algo a los demás o a sí mismos.
- Una buena autoestima implica que tu hijo tomará riesgos razonables, porque sabe que puede lidiar con errores o rechazos.

Cuando tenemos hijos una parte de nosotros se vuelve vulnerable, pues sentimos que si algo llega a pasarles nunca podríamos perdonárnoslo. Ésa es una de las razones por las cuales pretendemos negarles ciertas actividades. No es para protegerlos, sino para protegernos. Por lo menos de esa manera, si se lastima sientes que la responsabilidad no fue tuya. Los padres nos debemos mover a un lugar de confianza.

La ambigüedad puede desestabilizar a un niño; sin embargo, el que tenga una buena autoestima lo equilibra. Los niños que se sienten con confianza y seguros de sí mismos manejan mejor la incertidumbre que aquellos con miedo, porque buscan fuera de ellos aprobación y dirección.

Cuando tus hijos se exponen de más

Nada enseña más rápido que experimentar algo de frente. Esto no quiere decir que como padre no hagas nada para proteger a tus hijos cuando sabes que pueden lastimarse o generar una situación desagradable. Algunas veces una plática es suficiente para que ellos miren hacia dónde pueden llevarlos sus acciones y entonces hacer los cambios necesarios.

No escudes a tus hijos de las consecuencias de sus actos (siempre que ellas no los pongan en peligro o pongan en peligro a alguien más). Evita la tentación de correr y solucionarles todo. Enséñales que en ocasiones son ellos quienes deben reparar, sustituir, admitir, pedir perdón, apenarse. Así, la siguiente vez lo pensarán mejor antes de actuar.

Háblale de tus preocupaciones hacia él: "Me preocupa que te lastimes", lo que es muy diferente a: "Te vas a lastimar". A la mayoría de los niños no les importaría llamar a casa si saben que tranquilizarán a sus papás. En cambio, si sienten que los tienen que llamar porque no confían en ellos, entonces lo resentirán.

No tengas miedo a ser firme. A veces los niños necesitan (y desean) ser salvados de ellos mismos. Existen momentos en los que quieren más que cualquier cosa poder decir: "Mis papás no me dejan". Los papás que nutren intervienen cuando el precio de una lección es muy alto. Sin embargo, los padres deben cuidar de no transmitirles sus miedos actuales o pasados. Como papás pensamos que los riesgos son los accidentes de coches, las lesiones físicas, los deportes extremos, etcétera. Pero los niños pueden ver todo como un riesgo: dar una opinión, preguntar, dar una respuesta, aprender una habilidad nueva, expresar lo que sienten, sentir una emoción. Ellos toman riesgos todos los días de su vida y también enfrentan la ambigüedad. Están en constante cambio físico, social, educativo, etcétera. Por lo tanto, mantente atento del desarrollo de tu hijo para que siga floreciendo.

Solución de "problemas"

Una niña dijo: "Un problema es algo de lo que te preocupas". La belleza de esta definición es que implica una elección: te puedes preocupar y tener un problema o puedes no preocuparte y ya no tenerlo. Puede que todavía lo afrontes, pero ya no será un problema como tal. En coaching le llamamos una "situación".

Solucionar situaciones es más fácil de lo que parece. Un papá comentó: "Las cosas pasan, hablamos sobre ellas, propiciamos una lluvia de ideas, y nos enfocamos en la solución". Aunque esta respuesta parece superficial, no lo es.

Los cuatro pasos para enfocarnos en las soluciones son:

1) Reconocer y definir la situación.

Reconocer y definir la situación, sin interpretaciones o juicios implica preguntarnos: ¿Qué es lo que realmente está pasando? ¿Cuál es el hecho? Es importante neutralizar la situación para relacionarnos con ella desde la mayor objetividad posible.

Lidiar con las situaciones tempranamente es vital para mantener el buen humor de la familia y atender los sentimientos y necesidades de los hijos. Hay que tener claro que las reacciones de los papás a las acciones de sus hijos pueden alterar la situación. Además, una buena respuesta puede lograr que el "problema" cambie o desaparezca. También es importante estar al pendiente de tus reacciones, porque la manera en que respondes a las situaciones que surgen y la manera de abordarlas tiene una doble lección para tus hijos: primero, aprenden de la solución en sí, luego aprenden de tu respuesta a los "problemas".

Una buena manera de dar a conocer que existe un "problema" es decir: "Parece ser que las cosas no están funcionando". Es importante no acusar. Evita las culpas (en coaching la palabra culpa la eliminamos del lenguaje, pues se refiere al pasado y es un juicio; la cambiamos por la palabra responsabilidad). La culpa coloca a las personas a la defensiva. La responsabilidad nos trae al presente y nos pone en acción hacia la solución, fuera de juicios. Sé lo menos crítico que puedas. Permite que tus hijos definan la situación. Es importante en una familia escuchar todas las perspectivas.

Los siguientes ejemplos demuestran la diferencia entre ser acusativo y no serlo.

Acusativo:

- "Son unos flojos, ingratos, irresponsables y no hacen nada bien."

No acusativo

- "Me he dado cuenta de que algunas responsabilidades no se han llevado a cabo. Quiero hablar contigo al respecto."

Déjale claro a tu hijo que conquistar situaciones es natural e inevitable. Algunas veces los niños temen compartir sus preocupaciones porque no quieren parecer débiles o incapaces. No desean decepcionarte por las expectativas que probablemente tienes de ellos. Asegúrales que sus "problemas" no reflejan quiénes son y que para ti siempre serán personas completas, amorosas, sin nada que arreglarles, seres suficientes; que los amas tal y como son.

2) Generar posibles soluciones.
Crea un plan de acción, estrategias para enfocarse en diferentes resultados.

3) Analizar opciones.
Evalúa todo lo que está en juego y explora bendiciones ocultas.

4) Escoger e implementar un plan.
Debes actuar. (La acción te saca de la historia, de los discursos y del miedo).

La escuela que nutre

En ocasiones, los niños actúan de una manera rebelde ante situaciones escolares, lo cual quiere decir que no están contentos. Es probable que tenga que ver con la escuela misma, con el perfil educativo o el ambiente escolar. Probablemente es un entorno que no funciona para él. Se ha demostrado que buscar un colegio que se adapte a la salud emocional e intelectual de tu hijo da como resultado un cambio radical de actitud. Empiezan a estar contentos, son cooperativos y están motivados.

En la mayoría de las instituciones educativas existen cuatro obstáculos para el sano desarrollo de la creatividad:

a) Presión para ajustarse. Esto incluye rutinas estandarizadas, reglas inflexibles y represión de la expresión individual.
b) Ridiculizar ideas inusuales. Semejante actitud destruye la confianza en uno mismo y moldea los pensamientos para buscar la aceptación.
c) Búsqueda excesiva de éxito y de recompensas.

d) Intolerancia hacia una actitud juguetona. La innovación requiere jugar con las ideas; la disposición a fantasear, a fomentar el sentido del humor saludable y la aceptación de nuevos conceptos.

Es importante extender nuestra labor como padres para seleccionar una escuela adecuada para nuestros hijos, una que fomente la empatía que nace de un sentido de responsabilidad hacia los demás. Este sentido se promueve en escuelas que desarrollan un clima social positivo (en donde los estudiantes sienten la obligación de defender las normas colectivas de la comunidad); donde la creatividad se enaltece como un sano desarrollo de las habilidades únicas del niño; donde se sienta automotivado; donde tenga autocontrol de sus acciones y se desempeñe con excelencia, no porque la escuela se lo pide, sino por el amor y agradecimiento que tiene por su vida, por la curiosidad y por la diversión que hay para él en los estudios.

Capítulo 5

El lenguaje y la construcción de nuestra realidad

El lenguaje es la primera herramienta que usamos para hacer distinciones y, por lo tanto, para abrir nuevos mundos. Es el lenguaje la conexión para crear, construir y fomentar relaciones familiares.

Una familia vive y crea su realidad dentro de una conversación. Ésta construye o destruye nuestros entornos. Lo que percibimos está determinado en gran parte por las creencias personales y por ellas reaccionamos frente a otros.

No se puede cambiar lo que no se puede ver

El primer paso, uno de los más importantes, es "darse cuenta". Significa observarnos detenidamente y reforzar la habilidad de ver más allá de lo que estamos habituados a mirar.

Este aumento de la capacidad de ver trae consigo una ventaja clave: a la hora de elegir quiénes queremos ser se abre un campo de posibilidades, mucho más amplio, el cual contiene muchas opciones para producir los resultados deseados en nuestras vidas.

Una de las prácticas más importantes es establecer la forma en que tendemos a experimentar la vida: crear un observador de nosotros mismos. Todas las cosas en las que estamos limitados podrían llegar a tener mayor calidad si incrementáramos esta capacidad de ver o crear conciencia. Éste es el punto de partida para cualquier cambio significativo en nuestro rol como padres.

Preguntémonos: ¿Por qué veo mi vida así? ¿La forma en que observo genera los resultados que deseo? ¿Me lleva hacia donde quiero ir?

Responder este tipo de preguntas puede ayudarnos a crear un punto de partida para una nueva apertura en el entendimiento de la importancia de la observación.

El primer paso para ejercitar y fortalecer la observación es vivir en las siguientes preguntas: ¿Qué noto acerca de mí como padre? ¿Qué noto de algunos modos automáticos con los que suelo reaccionar frente a mi familia e involucrarme en una situación particular? ¿Qué tipo de conversación interna habita comúnmente en mí? ¿Es amorosa o agresiva? ¿Qué es fácil para mí de observar: defectos o virtudes? ¿Qué tiende a ser difícil de ver acerca de mí: adicciones, reacciones repetitivas, dinámicas destructivas, falta de responsabilidad, uso del ego, excusas, quejas, falta de liderazgo y ejemplos?

No se puede cambiar a otro ser humano

¿Quién no ha intentado cambiar a adolescentes o a cualquier otro familiar en el hogar? ¿Cuánto éxito han tenido? Con esta afirmación no descartamos la influencia que podemos ejercer sobre otras personas. Simplemente, a niveles fundamentales, nadie puede cambiar a otro ser humano, en especial si él mismo no está consciente o no lo desea (no se puede cambiar lo que no se ve).

La misión de cambiar a las personas trae desgaste, pérdida de tiempo y energía. En general, vivimos una situación para la cual nos gusta buscar soluciones fuera de nosotros o culpar algo o a alguien, sin pensar que nuestra percepción o nosotros mismos somos los que generamos el problema. Este tipo de respuesta es familiar en nuestra cultura, se vuelve automática y, por lo tanto, invisible a nuestros ojos.

Ahora, cuando notamos algo acerca de nosotros que no nos gusta y decidimos cambiarlo es ahí donde nuestros ojos están abiertos completamente, dispuestos a darse cuenta. Como podemos apreciar, la mayoría de nosotros somos buenos observadores de los demás, pero no tan buenos cuando se trata de nosotros mismos. En coaching decimos que vivimos en puntos ciegos cuando de uno se trata. Lo cual afecta y limita en forma importante nuestras elecciones, posibilidades y, necesariamente, nuestras relaciones familiares.

No podemos obtener resultados diferentes haciendo las mismas cosas

Si queremos resultados diferentes con nuestra familia y al paso del tiempo no los hemos creado, debemos generar acciones nuevas, de lo contrario vivimos en la fórmula "causa-efecto" haciendo lo mismo y recreando la misma realidad una y otra vez.

Nuevos aprendizajes o distinciones son el proceso mediante el cual somos capaces de llevar a cabo una acción en determinado momento, la misma que no pudimos ejecutar antes (como mejorar la relación con nuestros hijos, mayor efectividad, balance, menos estrés, paz interior, etc.). Esto se logra si generamos acciones nuevas con la incorporación de un lenguaje diferente para actuar, movernos y elegir de una forma distinta.

Siempre podemos elegir algo nuevo

Generalmente no somos conscientes de que en cada momento elegimos quiénes somos frente a nuestros hijos. Al no despertar este poder operamos nuestro mundo como si no tuviéramos la herramienta de elección a nuestro alcance.

Piensa en situaciones de tu vida familiar en las que puedas crear un conjunto de potentes opciones que te lleven a actuar de una manera nueva, que genere resultados, como:

- Resolución de conflictos con familiares.
- Eliminación de emociones negativas (resentimiento o tristeza).
- Reducción de estrés y ansiedad.
- Mejor manejo ante los cambios.
- Innovación y creación de nuevas formas de actuar y de educar.
- Liderar efectivamente a la familia.
- Hacer cierres en situaciones que han sido complejas.
- Crear efectividad en diferentes áreas familiares.

Cuando no se ven opciones en la vida se puede experimentar resentimiento, frustración y ansiedad, lo cual nos lleva a concluir que nuestra capacidad para identificar posibilidades está íntimamente conectada con los resultados de las acciones que tomamos y con la forma en que nos sentimos cuando las tomamos.

Para muchos es un misterio que nuestra realidad sea creada por nosotros; pero así es: tenemos un decir en cómo vivir; no somos víctimas de nuestras circunstancias ni de cómo somos. De muchas maneras hacemos lo que hacemos sin ser conscientes de nuestras acciones y de la forma en que ellas contribuyen a nuestra experiencia y resultados.

La única persona a la que podemos cambiar es a nosotros mismos, pero antes de empezar debemos crear la capacidad de poder ver quiénes somos, qué hacemos y cómo lo hacemos. La observación es el punto de partida para cualquier cambio real, llamamos a esto "el observador", y constantemente debemos apuntar a él como elemento clave del desarrollo.

Siempre podemos elegir algo diferente, inclusive cuando elegimos eliminar un pensamiento se pinta completamente otra realidad. Elegimos en todo momento, y estas elecciones se manifiestan a través de lenguaje interno y externo.

Empieza esta semana a observarte dentro de tu ámbito familiar, pon atención a tu interior y a las conversaciones internas que se desarrollan dentro de ti. Es importante hacer esto sin juzgar o culpar, solamente enfócate al tipo de conversaciones, patrones, y formas de ser que traes a tus situaciones familiares. ¿Qué sería sano para ti cambiar del diálogo interior para colocarte en armonía con tus seres queridos?

Práctica de suspensión

Aprendizaje es el resultado de tiempo + práctica. En toda actividad dichos elementos se conjugan, y al hacerlo, se incorpora un tercero, llamado perseverancia. Perseverancia podría ser definido en este caso como el acto de practicar algo, incluso cuando no deseamos hacerlo. "La práctica hace al maestro." Entonces: cuidado con lo que practicas. ¿De qué eres maestro? En coaching, las prácticas diarias son importantes. Debemos observar, modificar y sostener aquellas prácticas que cultiven nuestros propósitos. Son los hábitos que incluiremos o eliminaremos para construir lo deseado. Lo que hacemos todos los días es producto de nuestras creencias; por lo tanto, es importante explorar qué creemos. Al eliminar una creencia se eliminan acciones y prácticas que la acompañaban.

Por ejemplo, si queremos armonía en el hogar, empezaremos por ser armonía. No nos quedamos con la intención, eliminamos todas las creencias y pensamientos que no se alineen con la armonía e incluimos en las prácticas diarias hábitos familiares que la fomenten, como la buena comunicación, acuerdos efectivos, diversión, etc. Para cultivarla de manera personal podemos practicar yoga, meditación, estar en paz con nuestra mente.

Es fundamental aprender a elegir quiénes queremos ser frente a determinada situación, antes de reaccionar, para sanar el sistema emocional que construye la dinámica familiar. Desde este lugar no trataremos de imponer la armonía, nos volveremos el vivo ejemplo, desde ese lugar se enseñará, logrando así congruencia en pensamiento, palabra y acción.

En coaching, las prácticas diarias son importantes porque son la única manera de experimentar una transformación real. El padre no puede conocerse a través de la mente, sino que es algo que se vive, que se experimenta. Si bien es cierto que cuestionar las creencias puede ser un factor de cambio, si prevalecen las prácticas (hábitos) herederas de los viejos modos de pensar y actuar se puede sabotear el cambio. Se torna necesario transformar las viejas prácticas y formas de ser. Al final, las prácticas son los medios para transformar los conocimientos en experiencia, para cambiar las acciones y obtener resultados distintos.

Las creencias y las prácticas no son realidades distintas, sino que forman parte de un proceso dialéctico en donde unas generan a las otras. Lo primero es la claridad, que el padre tenga claro qué quiere y que asuma su responsabilidad para lograrlo. Luego hay que comprometerse, hay que implicarse, empeñarse disciplinadamente en adquirir nuevos hábitos. Se pretende que, mediante la "práctica de suspensión", primero que nada nos frenemos (nos suspendemos de la situación para que se abra la posibilidad de escuchar nuevas posibilidades que se alinean a mi propósito contra la reacción); de esta manera, los pensamientos que están en juego y las acciones a que dan lugar quedan accesibles para ser observados, indagados y cuestionados. Suspender no consiste en desechar los supuestos, ni reprimirlos o callarlos. Significa concretamente tener conciencia de ellos y someterlos a examen. Esto no se puede hacer si se mantiene el constante fluir del diálogo interior y no se cobra consciencia de que las perspectivas (lo posible) están delimitadas por los supuestos que están en juego. Mediante la práctica de la suspensión se da un primer paso para mover esos supuestos que impulsan a la acción.

1) Estar alerta.
El no reaccionar puede ser desde la necesidad de decir algo hasta sentir una emoción fuerte como enojo, coraje o miedo, y actuar desde esta emoción.

2) Picar el botón de pausa.
Esto significa hacer una pausa para pensar lo que vamos a decir y para observar cuál es nuestro estado mental. En lugar de responder automáticamente con un patrón antiguo de respuesta, permite que surja una nueva posibilidad. Esta posibilidad debe de ir de la mano de bienestar y crecimiento para ti y tu familia.

3) Escuchar con la generosidad de ser influenciado.
Esto implica temporalmente dejar a un lado nuestro apego a algo, de estar a favor o en contra: cuando estés escuchando, trata de dejar ir los apegos y deja espacio para ser influenciado, trata de oír más allá de lo que se está diciendo; intenta, al escuchar, abrir tus posibilidades y mantente receptivo para encontrar una resolución para todos.

4) Dialogar.

Ésta es una manera de escuchar y de hablar tratando de llevar la conversación fuera de las dos personas; llevar la conversación a un tercer espacio en el cual ni tú ni tu hijo tienen que tener la razón.

5) Aléjarse.

Esto genera el tiempo suficiente para que estemos en un lugar en el que la mente esté tranquila y estemos en un lugar emocionalmente válido para responder.

6) Cambiar o reinventar (si es apropiado).

Este último paso es para que uno esté abierto a cambiar su postura, o replantear por completo el diálogo o la situación y tratar de ver lo sucedido desde el mayor número de lentes posible.

Después, regresa a la situación alineado a tu propósito del ser: si éste es la paz, armonía, amor, etc., es decir de la forma en la que te comunicarás desde este lugar.

El lenguaje como herramienta de creación en la familia

Cuando no actuamos de forma consistente en pensamiento, palabra y acción, aparecemos frente a nuestra familia con una manera de ser incoherente y generamos un ambiente de cinismo y desconfianza entre los miembros. Es por eso que en posiciones de autoridad es muy importante observar e integrar estos tres elementos.

Nuestra vida se construye a través del lenguaje. Éste es un proceso que se lleva a cabo independientemente de que nos demos cuenta o no, y estamos en constante creación a través de lo que comunicamos en cada momento, tanto interna como externamente. ¿Quieres cambiar la relación con tus hijos? Simplemente cambia tu conversación con ellos. Cambia lo que piensas acerca de ellos y replantea los acuerdos. Todo sucede en tu lenguaje. No tiene que ver con la otra persona, tú tienes el poder de moldear tus relaciones, estén contigo las personas físicamente o no.

> La naturaleza de nuestras relaciones con nuestros hijos está íntimamente conectada con el tipo de conversación que establecemos con ellos (sea pensada, escrita, en persona, telefónica, e-mail, etcétera).

Consideremos lo siguiente:

Alguna vez has dicho: "Estoy desesperada. No sé qué hacer con mi hijo". ¿Qué significa esto? En realidad no se trata de hacer algo. No saber qué hacer es una metáfora para explicar que no sabemos cómo comunicarnos efectivamente con él. No vemos cuál es nuestra participación en el deterioro de la relación y no tenemos nuevas distinciones que nos generen otras acciones que abran posibilidades diferentes. La forma en que establecemos conversaciones se liga íntimamente con los resultados que obtenemos de ellas.

Una estudiante mía me preguntaba: "¿Cómo le hago para que el comportamiento de mi hijo me deje de molestar? Él sabe que hay algo que hace que me molesta, y a pesar de eso no cambia. Cuando ese comportamiento aparece, una y otra vez, me frustro y me enojo mucho."

Hay varias maneras de atacar esta situación.

1) Saber que lo que él hace está en el ámbito de otra persona y ahí no tenemos poder.
2) Que si él decide tener un comportamiento que a ti no te gusta pero ya pasó, se vuelve la realidad y nuestra fuerza está en decidir cómo nos queremos relacionar con eso (con lo que es real).

3) Evaluar qué significado le damos a su comportamiento: ¿Qué significa para nosotros? ¿Qué representa en nosotros?
4) En el momento en el que le quitamos significado a los actos de otros, éstos pierden su fuerza y es cuando podemos restablecer la comunicación con nuestros hijos.

> Los seres humanos somos seres lingüísticos; nuestra realidad y lo que es posible está establecido por el lenguaje.

Nacemos inmersos en el lenguaje, vivimos en él internamente a través de las conversaciones que sostenemos con nosotros mismos, con el exterior, con otros; por lo general, no estamos conscientes de ello. Muchos estamos perdidos en nuestra mente, en el mundo del pensamiento. El punto es despertar, reconocer que tenemos una voz en la cabeza que no para de hablar.

Comienza a prestar atención a lo que dice tu voz, juicios repetitivos, pensamientos negativos, situaciones dolorosas, críticas frente a ti y tu familia. No hay espacio entre el pensamiento y nuestro ser y una nueva posibilidad, esto es el estado de inconsciencia espiritual; este espacio se expande cuando estamos presentes en el pensamiento, parte intrínseca de nuestro lenguaje.

Nos confrontamos con eventos cuando estamos con nuestra familia, y muchas veces operamos así:

- Sucede el evento o se presenta la situación.
- Creamos una historia acerca del evento (interpretación).
- Sostenemos la historia como verdad.
- No nos damos cuenta de que lo hicimos.

La historia que creamos es sólo una interpretación, una narrativa, una explicación de algo que sucedió. Pero esta narrativa no es la limitante en sí misma; el obstáculo aparece cuando no vemos que lo hacemos y vivimos la historia como la Verdad.

Al momento de vivir como si nuestra explicación de los eventos o de nuestros hijos fuera la única verdad detenemos el proceso de escuchar; establecemos una postura rígida, misma que no nos permite ver las oportunidades que pudieran generarse; cerramos la posibilidad de relacionarnos con ellos, y obtenemos resultados que no deseamos.

Los seres humanos somos criaturas de hábito, no solamente a nivel físico, sino también a nivel lingüístico. Incorporamos historias de nuestros padres, familia e hijos. Vivimos, crecemos y vemos acorde a ellas, a tal punto que creemos que son reales y que nuestras historias son ellos.

Para incrementar la consciencia personal tenemos que volver al observador y activar la mirada en nuestras propias historias familiares: ¿estoy contando mi historia o mi historia está contándome? ¿Qué posibilidades crea esto para la relación con mi familia?

El lenguaje y sus distinciones

Con el lenguaje creamos nuevos mundos y nuevas posibilidades para nuestras vidas, que no eran visibles sino hasta ahora.

Por ejemplo, si un hijo ve a alguno de sus padres débil puede concluir: "Yo nunca seré como mi mamá (o papá), nunca dejaré que me maltraten; si yo fuera ella (o él) hubiera cambiado, hubiera sido más fuerte". A veces los niños crean en su diálogo interno declaraciones frente a lo que interpretan y viven: "Yo no seré como tú". Esta declaración lingüística puede ser tan fuerte que forma una barrera ante la relación con otros cuando crecen. Al reconocer las declaraciones podemos ver cómo crean bloqueos. No por lo que sucede, sino por lo que se concluye. Ahora, apoyamos el cambio si modificamos el lenguaje a uno que se alinea con nuestros propósitos y se crean nuevas "distinciones lingüísticas" que antes no existían, como, por ejemplo: "Mis padres hacen lo mejor posible, me quieren". Esto permite mirar con otros ojos y darnos cuenta de lo que antes estábamos imposibilitados. Es importante reconocer a qué conclusiones llega el niño frente a sus vivencias y qué nuevas declaraciones son efectivas.

Esto trae un profundo impacto en la felicidad, el equilibrio, la productividad, mayor capacidad de acción, y empodera para crear lo que se desea en la vida desde el amor, gracias a observar más allá de lo que veíamos. La clave está en el lenguaje.

¿Cómo tomar nuevas acciones?

Basado en el concepto del "observador", ¿qué es lo que te dices acerca de esta nueva forma de mirar el lenguaje, tus interpretaciones y las posibilidades, para fortalecer tu vida y la de tu familia?

- Identifica una relación o situación que desees mejorar, ¿cuál es el nuevo resultado que quieres obtener? Por ejemplo: cooperación, eliminar argumentos, productividad familiar, armonía, etcétera.
- Identifica en qué forma tu conversación externa e interna han contribuido a crear lo que hoy quieres cambiar y cómo esto ha influenciado en tus pensamientos y acciones frente a tus hijos.
- Identifica conversaciones negativas recurrentes que sostienes contigo mismo. Recuerda: lo que critiques en ti necesariamente lo proyectarás en tus hijos.

¿Qué tipo de identidad deseas tener? Es decir: ¿qué quieres que tus hijos perciban de ti? Piensa en cualidades como fuerza, valentía, paz, posibilidad, amor. Procuremos ser la inspiración para ellos.

Relación entre lenguaje, felicidad y aprendizaje con nuestros hijos

El aprendizaje está directamente relacionado con el poder, la capacidad para crear nuevas acciones y con los resultados que damos en nuestra vida para bien o para mal. Hablamos del proceso de aprender mediante una manera de ser, abierta a enseñanzas, que no se limita al salón de clase o a reparar algo en la casa; puede incluir cómo ser mejor padre o cómo cuidarnos en la alimentación, entre otros tantos ejemplos. El aprendizaje se ata al lenguaje, y también a nuestra mente, cuerpo y emociones.

Para comenzar, debemos cambiar nuestras creencias en función de aprender. La creencia de que sólo se aprende en cierto periodo de nuestras vidas es falsa. Dar resultados efectivos en nuestra vida familiar, y en general, dependerá de la habilidad de continuar aprendiendo, de adaptarnos, y de reinventarnos en lo que hacemos y en cómo lo hacemos.

Aprender y saber

Establezcamos los siguientes parámetros que nos ayudarán a entender la conexión entre aprender y saber:

- *Vivir en la mente que "no sabe":* es lo contrario a lo que nos ha sido enseñado, y es el primer paso, el punto de partida para comenzar a aprender nuevas formas de interactuar y de ser.
- *Ser inconsciente de nuestra ceguera:* señalar lo desconocido como imposible. Es una barrera en nuestra habilidad para el aprendizaje en la cual utilizamos frases como: "Eso así no funciona", "las cosas son así en esta familia", cerrándonos a nuevas posibilidades.

- *No sabemos lo que no sabemos:* vivir con la idea de que ya más o menos sabemos todo es una gran barrera. Es importante reconocer que hay mucha información y distinciones que no sabemos y que ignoramos; es decir, ni siquiera sabemos que existen; por lo tanto, no tenemos acceso a esa fuente de información que a lo mejor es justo lo que necesitamos para lograr un resultado satisfactorio.

El aprendizaje es crítico, pues vivimos en un mundo de constantes cambios que tienen un profundo impacto en nuestra habilidad para adaptarnos, modificar, mejorar y flexibilizarnos para establecer mejoras en nuestra labor de padres.

Para los padres que se enfrentan a situaciones recurrentes en las cuales no generan los resultados deseados, sería importante declararse "ignorantes" y abrirse al proceso de aprendizaje. Declararnos principiantes nos ayuda a sostener una postura de apertura, de buena disposición, de crecimiento y, finalmente, de éxito. Cuando el aprendizaje descansa en el nivel intelectual, sin ponerlo en práctica, no genera cambios permanentes ni profundos.

Enemigos del aprendizaje en la paternidad

- Inhabilidad para admitir que "no sabemos".
- Arrogancia.
- Culparnos de que deberíamos saberlo todo.
- Desconfianza.
- Negarnos el permiso de aprender (excusas).
- Aversión a buscar respuestas.
- Aversión a la novedad.
- Vivir en permanente juicio.
- Vivir en el pensamiento: "No puedo aprender o cambiar debido a quien soy".
- Olvidar el cuerpo físico como parte del aprendizaje.

Amigos del aprendizaje en la paternidad

- Disposición a declarar "que no sé".
- Estar abierto a escuchar.
- Apertura.
- Respeto y admiración.
- Estar dispuesto a cuestionarnos.
- Desarrollar la capacidad de sorpresa constante.
- Ser flexibles.
- Cambiar de opinión.
- Respetar múltiples verdades como legítimas.

Niveles de aprendizaje y competencias en nuestro rol de padres

- *Incompetente:* no da resultados satisfactorios como padre/ madre; esto se ve reflejado en dinámicas familiares pobres, en agresión, comunicación destructiva, el uso de poder y del ego.
- *Competente:* en este nivel la confianza ha sido alcanzada. El padre en proceso de aprendizaje puede ejecutar su labor y también es capaz de resolver situaciones o problemas que se puedan generar.
- *Virtuoso:* en esta etapa está presente un alto grado de competencia. La persona ejecuta su labor de una manera fluida y transparente. Es capaz de resolver cualquier situación que se presente.
- *Maestros:* el padre tiene completo dominio sobre sus acciones, pudiendo inventar o crear nuevas prácticas, nuevos procesos.

No podemos saltarnos niveles, pero sí puede suceder que no necesitemos estar el mismo tiempo en cada nivel. A través del aprendizaje sabemos que nos movemos de un nivel de menos hacia otro de mayor competencia.

Algunas preguntas que nos podrían ayudar a establecer nuevos niveles de aprendizaje son:

- ¿Nos damos permiso de ser principiantes?
- ¿En qué temas que incluyen a nuestros hijos hacemos esto?
- ¿Qué hace difícil el declararnos principiantes?
- ¿Qué historia e interpretación hacemos sobre esto?
- ¿Damos a otros en nuestra familia el permiso de ser principiantes?
- ¿Qué resultados obtendrías si no pudieras declararte un principiante en la esfera de la crianza de tus hijos?
- ¿En qué áreas eres competente?
- ¿Quién determina tu competencia? ¿Lo haces tú u otra persona?
- ¿Qué tan claro estás acerca de lo competente que podrías ser?
- ¿Es tu objetivo ser un maestro en el rol de padre?

Veamos los niveles de aprendizaje basados en el entendimiento de ser competente y los resultados que otorga:

- *Incompetente inconsciente:* "No sabemos ni siquiera que no sabemos"; no somos conscientes de la existencia de posibilidades que representa el nuevo aprendizaje.
- *Incompetente consciente:* "Sabemos que no sabemos"; estamos conscientes de nuevas posibilidades, y nos declaramos incompetentes para ejecutar ciertos dominios de nuestra paternidad.
- *Competente consciente:* "Sabemos lo que sabemos"; estamos en algún nivel de competencia; otros comienzan a confiar en nosotros; nos sentimos capaces de confrontar y de resolver situaciones por nosotros mismos.

- *Inconsciente competente:* "No sabemos que sabemos". El cuerpo ha internalizado el aprendizaje a ciertos niveles; pareciera que ejecutamos las acciones en piloto automático.

Pregúntate:

- ¿Qué te dices acerca del aprendizaje y tu habilidad de cambio?
- ¿Qué es lo que necesitas aprender, y cómo, para mejorar una situación familiar?

Identifica un área de tu familia en la que te consideres un principiante, por ejemplo: crear relaciones de confianza y respeto con tus hijos; manejar diferentes opiniones y/o desacuerdos sin generar argumentos o daños en una relación; sostener tus principios y valores de vida; escuchar abiertamente otras perspectivas; saber que en tu casa cada uno puede tener una verdad diferente y que esto no es una amenaza; generar una identidad poderosa como padre; moverte de eventos o situaciones no funcionales del pasado; trabajar en equipo.

La escucha familiar

Existen distinciones en el ámbito de escuchar. ¿Has estado en una situación familiar en donde hayas dado instrucciones a tu hijo y él entendió completamente lo opuesto? ¿Has participado en una conversación familiar donde cada miembro recuerda algo diferente de lo dicho? En todas las situaciones anteriores, y las incontables que suceden en todo momento de la vida, pareciera que algunas personas escucharon y otras sólo interpretaron lo que escucharon. No olvidemos que oír y escuchar son dos cosas distintas. Oír es una función biológica, mientras que escuchar es un fenómeno de carácter lingüístico.

Cada vez que hablamos con nuestros hijos hay dos conversaciones al mismo tiempo; una es la conversación hablada que se entabla con el otro; la otra es la interna, la que creamos con nosotros mismos. Por eso también es importante saber que escuchar con la intención de responderles no es lo mismo que escuchar con la intención de entenderlos.

Otra forma de escuchar es querer marcar el error. En este tipo de escucha el padre espera el momento para corregir al hijo, y por lo tanto, sigue lo que dice para exponer su punto de vista. En la mayoría de los casos con ello se generan identidades de carácter negativo. La relación se vuelve en torno al padre y no florece la compresión hacia el hijo.

Otra causa que no nos permite escuchar de una forma profunda se relaciona con nuestras creencias. Esto es crítico cuando queremos diseñar nuestra vida. Tenemos que observar la forma en la que escuchamos y nos escuchamos, cómo enmarcamos la situación a través de la escucha, cómo interpretamos, lo cual nos orienta a accionarnos. La clave está en observar y en no producir interpretaciones inmediatas cuando escuchamos.

Hay dos elementos que influyen en cómo escuchamos a nuestros hijos:

1) *Nuestras experiencias de vida (memorias):* nos referimos a ellas para interpretar lo que oímos.
2) *Nuestro estado emocional:* cómo nos sentimos cuando ellos nos hablan.

Las emociones tienen un gran impacto en cómo vivimos nuestra vida, cómo nos relacionamos con nosotros mismos y con los demás, cómo nos movemos en el mundo y los resultados que producimos en todas las áreas. Para entender a profundidad, debemos decir que los seres humanos somos seres emocionales y que cualquier estado emocional en el cual nos encontremos tiene un impacto en nuestros pensamientos, conversaciones internas, forma de escuchar y manera de establecer nuevas conversaciones.

Podemos decir que, a niveles básicos, nos predisponen para la acción. Por ejemplo, si estamos enojados o ansiosos, nos predisponemos a estar negativos, a atacar, a no escuchar, a estar a la defensiva o a no poder escuchar. Todo lo filtramos a través de la emoción que estamos sintiendo y le damos significado al exterior.

Los estados emocionales de largo plazo (semanas, meses, años) no son producidos por el exterior inmediato, más bien son previos a los sucesos. Los estados emocionales de corto plazo (horas o días) normalmente son detonados por un factor externo.

Por lo tanto, escuchar influye, en gran medida, al estado emocional en el que estamos en determinado momento. La interpretación que hacemos sobre un hecho o circunstancia cambia si estamos en un estado de enojo o de felicidad. Nuestra capacidad de observarnos nos ayuda a determinar el estado emocional en el que nos encontramos y a hacernos responsables de él, para, al mismo tiempo, observar la influencia del mismo en la forma en la cual interactuamos con nuestros hijos.

Así que nuestro estado emocional no está separado de la manera en que tendemos a interpretar las cosas; de hecho, están fuertemente conectados. Tendemos a interpretar, juzgar, evaluar y crear historias con el propósito de justificar nuestros estados emocionales.

Como conclusión, debemos decir que los estados emocionales están íntimamente ligados a nuestro lenguaje, pensamientos, escucha y conversaciones. Se conectan en forma directa con nuestro cuerpo físico. La energía del cuerpo emocional se manifiesta produciendo un impacto más profundo en los niveles de energía a través de la postura y las conversaciones, afectando nuestras células, el sistema inmunológico y los procesos biológicos que ocurren en el cuerpo.

> Cada movimiento, acción y pensamiento generan un resultado. ¿Existe algún estado emocional que necesitas sanar para obtener mejores resultados en tu rol de padre/ madre?

En cuanto a nuestro cuerpo: ¿Qué comunica nuestro cuerpo cuando escuchamos a nuestros hijos? ¿Estás abierto a escuchar? ¿La postura corporal frente a ellos es la misma que la que adoptamos en el mundo, frente a otros?

Las experiencias de vida influyen en la manera en que escuchamos, y escuchar es uno de los principales roles que ejercemos como padres, ya que la forma en que vemos a otros está íntimamente ligada a nuestras experiencias de vida (memorias del pasado, edad, sexo, raza, educación, eventos significativos, creencias, etc.). Todas ellas tienen un impacto en cómo escuchamos y en cómo interpretamos lo vivido. Lo que nos define son las creencias, como ya he dicho muchas veces, resultado de las experiencias. Éstas viven en el lenguaje y nos orientan a llevar a cabo ciertas acciones y nos alejan de otras. Esto marca una pauta muy importante en quiénes somos frente a nuestros hijos y los mensajes que les transmitimos día a día.

Es importante estar al pendiente de las creencias sociales y culturales que tenemos como padres, pueden ser acerca de nosotros por nuestro género, o lo que vemos posible en el mundo, entre otras. Una vez que adoptamos una creencia, alterarla, cambiarla o eliminarla se hace complejo. Esto ocurre debido a que no las percibimos como creencias, sino como la forma en que son las cosas.

¿De dónde provienen nuestras creencias? ¿Cuándo las obtuvimos? La mayoría fueron dadas por nuestros padres o quien haya estado involucrado en nuestra niñez. Ciertamente, nuestras creencias culturales, religiosas o espirituales tienen que ver con la forma en la que hemos sido criados. Si no las exploramos, las transmitiremos de manera directa a nuestros hijos.

Creer involucra todo el cuerpo; las creencias no sólo están en los pensamientos, están, incluso, en las más sutiles formas de postura y en la dinámica de nuestros movimientos, y se permean en el entorno.

La forma habitual de reaccionar hacia los hijos, eventos y sentimientos habla de la historia de nuestras creencias. Si estás dispuesto a realizar los cambios que deseas, debes hacer uso del poder de las mismas. Haz un ejercicio minucioso: indaga qué les enseñas a tus hijos sobre cómo ser emocionalmente, cómo responder a la vida, qué creencias les transmites del dinero, de vivir en pareja, de conquistar sus sueños. Todo lo que nosotros creemos es el mapa de cómo nuestros hijos entienden el mundo y lo que los construye incluso a nivel biológico.

Por ejemplo, un niño observa cómo reaccionan sus padres frente a diferentes situaciones: sus posturas, qué es posible, a qué darle valor, qué los enoja y qué los hace feliz. Los niños imitan todo. Incluso si tienes lapsos de angustia y depresión, lo que ellos aprenden es que dentro de determinadas situaciones hay que responder de esa manera.

Sabemos que estamos en un camino positivo cuando las interacciones familiares que tenemos producen logros, compromisos y disciplina. Sin embargo, cuando pensamos que estamos en lo correcto, pero estamos interactuando con resultados pobres, creamos una identidad confusa y nuestros hijos se alejan, ya sea física o emocionalmente.

Es importante saber que todos estamos ciegos en algunas áreas. Esto no es malo o bueno, simplemente así cada uno de nosotros percibe la realidad. Pero nos tiene que quedar claro que somos cien por ciento responsables de como escuchamos e interpretamos hechos o circunstancias. De igual forma, nuestra manera de escuchar tiene un fuerte impacto en el tipo de relaciones que producimos y está íntimamente conectado con el grado de felicidad que logramos en nuestra familia.

Hazte las siguientes preguntas:

- ¿Te gusta tener la razón frente a tus hijos? ¿Cómo la usas?
- ¿Qué costos te ha traído tener este tipo de conversación en tu vida familiar?
- ¿Qué posibilidades ves de moverte fuera de las premisas correcto/incorrecto?
- ¿Qué barreras observas que te impiden aprender basado en esta nueva visión?

Resultados y nuevas interpretaciones

Para empezar, comencemos diciendo que los resultados que producimos están estrechamente ligados a las acciones que ejecutamos o no. En los resultados podemos incluir felicidad, relaciones con nuestros hijos y con el ambiente familiar. También podemos observar que determinadas acciones se vinculan con nuestro lenguaje y con las conversaciones que tenemos acerca de los hijos, incluyendo acciones físicas.

Basado en lo anterior, la llamada realidad que observamos tiene que ver con nosotros, el observador, no con lo que está objetivamente afuera. Si seguimos buscando respuestas en el exterior, señalando a un culpable, miraremos a través de un lente sin darnos cuenta de que la fuente de nuestro mayor potencial para diseñar algo nuevo está dentro de nosotros.

Volvernos mejores observadores de nosotros mismos es una herramienta poderosa y nos llevará a vivir en preguntas como: ¿la forma en que interpreto las cosas funciona para mí y en consecuencia para mi familia? ¿Me permite generar los resultados que necesitamos en el entorno familiar, a nivel emocional, intelectual y productivo?

Somos los autores y creadores de nuestras explicaciones, historias e interpretaciones y, por lo tanto, tenemos la autoridad para inventar otras nuevas y más poderosas, útiles, provechosas y consistentes con el fin de lograr aquello que queremos para nuestras vidas.

El beneficio de este nuevo entendimiento es que nos da la capacidad de separar las interpretaciones e historias propias de los eventos que vivan nuestros hijos. Lo cual nos permitirá ver que ellos no nos pertenecen y que la explicación que les damos es a través de nuestra forma personal de escuchar, evaluar, valorar lo que está afuera y, por consiguiente, obtener posibilidades de acción y resultados determinados. Sin embargo, algunas personas usan sus interpretaciones para quedar siempre en la silla de la víctima.

Todos somos únicos en la forma de interpretar y mirar las situaciones, incluyendo nuestros hijos. Es importante saber que ellos ya traen su propia manera de interpretar lo que viven; ésta no es mejor ni peor, es diferente.

El observador que somos está compuesto por tres elementos que se interrelacionan: el lenguaje, los estados emocionales, el cuerpo físico y sus movimientos. Estos tres aspectos son dinámicos y permanecen en constante cambio. Cada uno de ellos puede ser usado como punto de partida para traer cambios a nuestra vida, transformación y crecimiento a las relaciones personales.

El lenguaje que crea

Ahora explicaré los cuatro actos lingüísticos que representan los pilares fundamentales en la construcción de la relación con nuestros hijos y familiares. Estos impulsan a crear o a destruir nuestro futuro con otros; por lo tanto, debemos estar alerta.

Los actos lingüísticos son cuatro: promesas, peticiones, declaraciones y aseveraciones.

Promesas

Nuestras promesas están estrechamente ligadas con el bienestar general de la relación que tenemos con nuestros hijos. En general, crean nuestro mundo; diseñan quiénes somos frente otros, y también nuestra identidad; poseen un directo impacto en las relaciones interpersonales y sus resultados. El ingrediente principal de un buen prometedor es saber honrar su palabra. Tienen poco poder las promesas creadas por un padre que no se enaltece con lo que dice; así, su futuro y lo que puede construir, se vuelve vago.

Entonces, uno de los grandes crecimientos como padres es cumplir lo que decimos, ya que la relación con nuestros hijos será proyectada por medio de promesas; por ello, será importante que sepan el valor de la palabra, de volver acción lo que decimos y saber que ésta es la herramienta vital para sostener un futuro paralelo con ellos.

Muchas veces es necesario ajustar las promesas que hacemos a nuestros hijos; esto se logra a través de renegociarlas. Debemos estar alertas para que esto no se establezca como una tendencia, sino como un evento esporádico. Prometer logra que un futuro poderoso se manifieste entre padre e hijo. Por lo tanto, prometer construye el porvenir, es el acuerdo más poderoso para generar proyectos, planes y alinear deseos a la realidad.

Cuando hacemos un compromiso es importante mantenerlo. Algunas de las virtudes más importantes de la vida son la integridad y el buen uso de la palabra, pues son vitales para el bienestar general. No es poderoso desatender tus responsabilidades. Lo que sí es viable es replantear los compromisos. Si rompes un compromiso debes ser honesto con tus hijos. Por ejemplo, si ibas a ver una película, pero se te antojó más hacer otra cosa, ofréceles una explicación, pero diles que realmente no quieres perderte la película. Después lleguen a otro compromiso. Si eres sincero y directo, te respetarán por ello.

Las promesas que hagas, lo mismo que las que te hagan, deben ser claras, congruentes con sus propósitos, y ambas partes deben de estar de acuerdo en cuándo, cómo, dónde y en qué se quiere manifestar.

Con tus hijos: ¿tus promesas están habladas? ¿Te parece claro qué has prometido y qué te han prometido, cómo, cuándo y dónde? ¿Qué van a manifestar, qué acuerdos están sobre la mesa entre tú y ellos?

Lo que prometes y lo que te prometen se vuelve la realidad; es una manera de esculpir el futuro con otros; ahí radica su poder.

Por ejemplo, es común que al pedir a nuestros hijos que diseñen los horarios de tareas y ejercicio nos respondan: "Lo haremos la semana que entra", pero pasan los meses y el orden de trabajo no se logra. Vivimos pensando que los acuerdos están ahí. Así, el lenguaje se vuelve vago, porque no hemos sido efectivos con él. Para que éste sirva como una herramienta de creación, los acuerdos tienen que estar claros en ambas partes y con definición para que se manifiesten en el futuro.

Ahora, el niño debe de poder comunicarte lo que le funciona para que creen el compromiso juntos. En este caso a lo mejor te contesta: "Haré tareas martes y jueves en la escuela, lunes y viernes me viene bien trabajar de 6:00 a 7:30 en la casa". Una vez acordado el plan de trabajo que funciona para los dos se genera la promesa y, por lo tanto, el compromiso.

Peticiones

Pedir es el acto más importante para generar abundancia en el ser. Es increíble, pero muy pocos sabemos pedir (pedimos poco, mal, sin claridad, a las personas incorrectas y con preguntas indirectas). El resultado es recibir de la vida y de otros lo que no queremos, lo que no nos sirve y a destiempo.

Pedir es un arte: a la persona adecuada, lo que necesitamos, para una fecha concreta y la cantidad correcta. Puede ser amor, acuerdos, proyectos, compañía, apoyo, etcétera.

No aprender a pedir nos debilita, nos confunde y confunde a quienes nos rodean. La vida se trata de pedir. Desde que nacimos hemos tenido que pedir para saciar nuestras necesidades. Para ello, primero hay que tener claridad sobre lo que queremos, y, después, acudir con preguntas directas con nuestros hijos, tener claro que lo que pedimos es sensato, que los fortalecerá y les hará sentido.

Muchos jóvenes y adultos no pedimos porque le tenemos miedo al no y al rechazo, o a que nos digan que no somos merecedores de lo que pedimos. Pero las peticiones que nos hagan nuestros hijos, o las que hagamos a ellos, deben estar abiertas a negociación, a poder decir que sí, que no, o contra-ofrecer, de esta manera el diálogo y el arreglo al que se llegue será poderoso y acordado por ambas partes.

Como padres evaluemos lo qué les pedimos a nuestros familiares o amigos en función de la ayuda para el cuidado de nuestros hijos (apoyo emocional, profesional, económico, etcétera). Vivimos en un mundo individualista, donde la tarea de ser padre, madre, se centraliza en pocas personas. La paternidad es una carrera de resistencia, es importante no quemar los cartuchos tratando de hacerlo todo. Explora qué peticiones puedes hacer hoy que harán más armoniosa y generarán más holgura en la manera de llevar tu labor.

Pídele a tus familiares lo que necesites hasta que sientas que estás justo en donde quieres estar, en un punto en el que su dinámica familiar sea productiva, funcional y armónica. Si te sientes estancado o agobiado en tu labor de padre, puede ser que hayas dejado de pedir y de reconocer que en estas peticiones vive la posibilidad de diseñar tu vida, de construir tus sueños alrededor de tu paternidad y de manifestar tu destino.

Declaraciones

Cuando declaramos, esculpimos identidades y definimos posibilidades. Nosotros creamos la realidad a través de las declaraciones. La relación que tenemos con los demás, con el mundo y con nosotros mismos cambia antes y después de una declaración. La declaración crea posibilidades para que algo nuevo surja sin necesitar ninguna evidencia.

En coaching convertimos una declaración en un propósito de vida. Al comenzar un camino de vida con conciencia y mayor intención se debe declarar quién se quiere ser a lo largo de la vida; pase lo que pase, nos comprometemos a apegarnos a dicha declaración, o sea, a nuestra palabra. Yo, por ejemplo, decidí declararme como paz. Mi declaración es: "Yo soy paz". Así que, independientemente de las circunstancias, yo declaro en el presente y transformo mi energía a paz. Ese poder tienen las declaraciones y mi palabra.

Así debemos comprometernos a traer a nuestra familia la energía que queremos que prospere en ella. Es importante alinear nuestras palabras, pensamiento y acción a nuestro propósito (el que hayamos elegido) y desde ahí regresar a nuestra dinámica familiar. Si soy paz, ¿cómo miro? ¿Qué digo? ¿Cómo hablo y cuál sería una resolución para todos si nos bañamos de paz? En coaching todo lo alineamos a lo que declaramos y es importante buscar las opciones en las que las conclusiones de lo que vivimos con nuestra familia tengan un bienestar para todos.

A lo largo de la vida hemos hecho un sinnúmero de declaraciones o acuerdos, ya sea con el entorno o con nosotros mismos. Hemos declarado quiénes somos; hemos declarado que somos capaces de hacer unas cosas y no otras; también declaramos lo que es posible para nuestra vida y lo imposible de vivir.

Declarar es el acto lingüístico más poderoso que existe. Su cualidad es crear el futuro. Es una manifestación que concluye o inicia algo en tu vida. Por ejemplo: "Los declaro marido y mujer" es un acto lingüístico que tiene la fuerza de cambiar el pasado y el futuro. Una declaración tiene la fuerza de cambiar la manera en que nos relacionamos con nosotros mismos y con el entorno.

A continuación, expondré un caso para ilustrar cómo funcionan las declaraciones. Las más poderosas nacen en nuestra infancia y delinean gran parte de nuestra vida, por lo que hay que estar atentos de cómo influyen en las interacciones con nuestros hijos. Aquí el caso:

Un niño de cinco años que fue agredido por su padre corre a su cuarto con un fuerte dolor; este hecho lo lleva a interpretar, de manera inconsciente, quién es él (identidad frente al mundo), quién es su padre (los hombres) y cómo funciona la realidad; es decir, definió la comprensión del entorno y de sí mismo. Y declaró: "Los hombres son peligrosos, me voy a cuidar de ellos no acercándome porque me pueden lastimar". A lo largo de los años le dejó de dar importancia al hecho, pero la declaración quedó vigente de manera inconsciente.

Este mismo niño, treinta años después, vino a una sesión de coaching, pues no había podido tener una relación de confianza y bienestar con personas de su mismo sexo. Por lo tanto, debemos buscar la declaración que está en juego, la que le da este resultado en su realidad para ponerla en palabras y permitir que se abra la posibilidad de crear una nueva, una que se alinee con lo que él ahora quiere vivir (en su caso sería posiblemente la capacidad de crear proyectos, amistades y vínculos de confianza con otros hombres).

La mente de este hombre desea proteger la declaración porque ésta lo salvó de niño al alejarse del papá y de sus agresiones; pero ahora ya no le es funcional. Lo curioso es que a lo largo de su vida se ha asociado con hombres que se parecen a su padre, porque en su mente quiere evidenciar su declaración. Hasta que no la cambie no aparecerá otra posibilidad: ha caído en esa terrible enfermedad de querer reforzar lo que cree y finalmente tener la razón.

Con nuestros hijos podemos estar atentos a declaraciones que hacen día a día (recuerda que éstas son producto de sus vivencias): ¿qué están declarando acerca de quiénes son? ¿Qué declaran sobre cómo funciona el mundo? ¿Qué declaran sobre lo que es posible? Platica con ellos y suaviza sus declaraciones para que no se vuelvan anclas en su desarrollo personal. Si a tus hijos les gusta lo que crean en su vida, sus declaraciones funcionan; pero si no pueden concretar metas o resultados importantes, será necesario evaluar qué declaración está en juego y replantearla o eliminarla.

Tomemos en cuenta lo siguiente:

- Una declaración no tiene que sostenerse por una evidencia.
- Una declaración define quiénes somos, en qué contexto vivimos y, por lo tanto, determina nuestras circunstancias, lenguaje y objetivos.
- Con las declaraciones abrimos y cerramos posibilidades, resolvemos problemas, nos movemos de dirección, creamos algo que hasta ese momento no existía.
- Creamos la realidad exterior e interior por medio de lo que declaramos.
- Declarando esculpimos identidades, definimos posibilidades y creamos la realidad.

- La relación que tenemos con los demás, con el mundo y con nosotros mismos cambia antes y después de una declaración.
- El ser está construido de declaraciones; todo lo que decimos acerca de nosotros lo hemos declarado.

Las declaraciones son muy evidentes cuando las vemos reflejadas en el exterior; de alguna manera pintan el escenario de nuestra vida. Lo que se distingue acerca de nosotros y la realidad se define por lo que hemos declarado.

Si, por ejemplo, reconoces que, a lo largo de su vida, tu hijo no ha podido consolidar su estabilidad emocional, repasa cuál ha sido su historia, sus reacciones y qué es lo que interpreta acerca de cómo vivir. Lo más probable es que esta energía esté bloqueada y desbalanceada por una declaración del pasado; será importante darle luz para sanarla y transmutarla a la neutralidad. Podría estar activa una declaración como: "No soy importante, no soy capaz de conquistar una vida plena". Recuerda, una declaración crea la realidad, no viceversa.

A continuación exploraremos algunas declaraciones fundamentales, así como el impacto que producen en nuestras vidas, resultados y felicidad. Es importante que dichas declaraciones las hables con tus hijos y que entiendan el poder que tienen:

Decir "no": el simple hecho de decir "sí" o "no" nos compromete a comportarnos de una forma determinada; es un acto verdaderamente generativo, pues nos lleva a elegir y esto nos orienta de una forma determinada. Además, está intrínsecamente relacionado con nuestro poder y esto tiene un gran efecto en nuestra dignidad como seres humanos. Por lo general, existe una falsa interpretación cuando decimos "no" o nos dicen "no"; tomamos este hecho como un rechazo. Decir "no" a nuestros familiares, o que ellos nos digan "no", no significa: "No te quiero", "No eres suficiente", "No te lo mereces". Muchas veces esto es lo que escuchamos.

También, en ocasiones, decimos a todo que "sí" porque pensamos que nuestros "no" significan para el otro: "No te quiero", "No me importas", "No tengo tiempo para ti", etcétera. Si no limpiamos el NO y lo usamos sin coletillas y significados, nos perdemos de una de las herramientas más importantes para ordenar la vida y respetar nuestros verdaderos deseos.

En coaching decimos que no es necesario dar explicaciones. Esto es un descanso cuando podemos decir "no" con la mayor libertad, sin dar explicaciones. De esta manera la vida funciona y se puede hacer con ella lo que verdaderamente se desea. También el decir "no" a ciertas situaciones fortalece la dignidad y sostiene nuestros valores personales. Es importante enseñarles a nuestros hijos a decir "no", a sentirse cómodos y merecedores del no.

Decir "no sé": ésta es la piedra fundamental para abrirnos al aprendizaje creando nuevos contextos y posibilidades de nuevos diseños para nuestra vida y darnos permiso para ser principiantes en un dominio particular.

Decir "me disculpo": esta declaración sirve para limpiar compromisos no cumplidos y errores cometidos. La importancia de la misma radica en que nos permite aclarar malas interpretaciones y llevarnos a un plano de conversación más productivo y abierto a lo que otros tienen para decirnos. Por consiguiente, nos permite crear y sanar relaciones a nivel personal, familiar y de todo tipo.

Decir "te perdono": de todas las declaraciones que vimos anteriormente, ésta es la que mayor impacto tiene en las emociones; nos capacita en la habilidad de encontrar paz en nosotros mismos. Permite cerrar situaciones y abrir nuevas posibilidades. Además, reenfoca nuestra atención y consciencia en otras áreas en vez de mantenernos en conversaciones internas con otros que no conducen a resultados productivos.

Existen interpretaciones o creencias que pueden imposibilitar o complicar el hecho de perdonar y se expresan en el lenguaje de la siguiente manera:

- "Estoy bien".
- "No merecen ser perdonados".
- "Perdonarlo significa olvidar y nunca olvidaré...".
- "Perdonar es un signo de debilidad".
- "No lo quiero perdonar porque quiero que sufra lo que he sufrido".

Enseña a tus hijos el valor del perdón. Éste nos libera de emociones negativas y nos permite salir de una posición de víctimas; elimina el sufrimiento y, por lo tanto, nos sitúa en un espacio de paz y felicidad en la vida. Perdonar es un acto de consciencia complejo que libera la mente y el espíritu de la necesidad de venganza y de la percepción de nosotros mismos como víctimas de las circunstancias. Perdonar contiene una semilla milagrosa de sanación. Para vivir en paz es necesario vivir en el perdón, en dejar ser, en amar lo que es. Desde ahí seremos lo que creamos de una manera verdadera y valiosa.

"Gracias": esta declaración se relaciona con el estado emocional de felicidad. Declaramos en gratitud lo que nos mueve conscientemente hacia un espacio de paz y felicidad en la vida. "Me sorprendo a cada momento de la generosidad presente en todo mi alrededor y no tengo que hacer nada más que observarla." Gratitud es la emoción de más alta vibración que existe. Piensa por lo menos en cinco cosas que te mantengan en absoluto agradecimiento acerca de tus hijos.

"Te amo": semejante declaración constituye un acto de construcción y de dar forma a las relaciones familiares. Además, es un acto de crear un nuevo contexto, un espacio que no estaba presente anteriormente e incluye nuestro cuerpo físico y emocional. Declaramos en él la existencia e importancia de otros seres humanos. Legitimamos la coexistencia que tenemos con otros, lo cual nos lleva a un espacio de respeto y aceptación mutua. Decir "te amo" a tus hijos con frecuencia neutraliza la energía, sana el pasado y da reconocimiento a lo que es importante en su relación.

"*Yo soy*": es considerada como una declaración primaria; es la identificación del ser, lo que en coaching definimos como el centro de la práctica, ya que trabaja con la individualidad de cada persona, prestando atención a su lenguaje, emociones, cuerpo y la forma en que él mismo se relaciona con los demás y con el mundo. Plantea a tus hijos la siguiente frase: "Yo soy…", la continuación de la oración debe surgir desde ellos. Observa cómo se describen, cómo se alinean con su propia fuerza y qué sería importante eliminar.

"*Esto no está funcionando*": esta declaración apunta a lo que llamamos ruptura inesperada de algo; cuando está presente interrumpimos la fluidez, desactivamos el piloto automático de una situación determinada. Gracias a esta clase de declaraciones, nos movemos a un campo de mayor consciencia y generamos una postura proactiva para cambios en nuestra forma de ver o hacer algo. Declarar una ruptura nos permite generar un nuevo contexto y tomar acciones en él. Esta declaración es muy importante en contextos familiares, ya que las circunstancias cambian con rapidez en esos ámbitos (lo que pudo funcionar adecuadamente en un momento dado, a lo mejor ya no es funcional ahora). Vivir en un constante replanteo de estrategias, comunicación y acuerdos renueva la relación con tus hijos y la mantiene al día.

Las declaraciones nos dan la autoridad para:

- Crear una identidad.
- Determinar el tipo de vida que deseamos.
- Moldear quiénes somos.
- Saber quiénes no somos.
- Enterarnos de qué es importante para nosotros.
- Cuáles son nuestros criterios de vida.
- Qué es aceptable y no aceptable para nosotros.
- Cómo queremos ser tratados en el mundo.

Aseveraciones

Aseverar es afirmar algo que puedes respaldar con una evidencia. Lo que sucede con las aseveraciones es que creemos que lo que suponemos es cierto. Aseveramos sobre lo que otros piensan o hacen, sobre creencias y circunstancias; lo hacemos constantemente. Éstas son muletas del lenguaje que se anclan en la falsedad, de tal suerte que nos relacionamos con ellas justificando ataques y venenos emocionales, confundiendo lo real con nuestra interpretación de la verdad. Esto es muy común en los jóvenes cuando están reforzando su identidad con lo que creen que piensan otros de ellos.

Aseverar es una trampa, pues propone algo partiendo de la base de que estamos en lo cierto, pero no le damos importancia a verificarlo con evidencias. Así, el lenguaje se debilita y la actitud frente a la vida se vuelve destructiva. Vivimos sumergidos en aseveraciones que nos ha transmitido la cultura a través de nuestra familia, religión o amistades, y que hemos tomado como ciertas.

Sin evidencia se vive pensando que las aseveraciones son realidades, lo que cierra posibilidades. Decimos como padres: "Lo que quieres es imposible"; "Las niñas no pueden lograrlo"; "Mi hijo no me quiere". En estas frases nos queda claro cómo aseveramos y confirmamos una serie de ideas que en nuestra mente se convierten en obstáculos para mirar la realidad y sus posibilidades. Es común entre nuestros hijos escucharlos decir : "No les caigo bien"; "Nunca entraré a esa universidad"; "No soy suficientemente bella", etcétera.

¿Te das cuenta de cómo el aseverar sin conciencia puede limitar en gran medida el campo de acción? ¿Reconoces qué aseveraciones están activas en ti, en tus hijos? ¿Puedes identificar de qué manera se manifiestan?

Capítulo 6

Sanar los miedos

Los miedos son los que frenan el desarrollo, la capacidad, la evolución y la gran conquista de una vida satisfactoria de nuestros hijos. Es común transmitir nuestros miedos a través de ciertas conversaciones culturales. En gran medida tememos a los cambios por herencia cultural; tememos "quedarnos atrapados"; tememos al éxito y al fracaso; tememos vivir y morir. Sin embargo, con las herramientas necesarias podemos movernos de un lugar de dolor, de la parálisis, de la depresión (de sentimientos que normalmente acompañan al miedo), a lugares de poder, energía, y emoción. El objetivo es salir al mundo y vivirlo como un lugar menos amenazador y más alegre; vernos como personas que tienen uno o muchos propósitos en la vida, y experimentar realmente el amor. Vivir de esta manera para ti y para los otros.

El mayor generador del miedo en las familias son las creencias preconcebidas. El miedo nace de la identificación con una identidad y con creencias. Muchos miedos nacen de la falta de perspectiva, de fe y de co-creación. El personaje y el ego operan desde el miedo. Sentimos miedo cuando no vemos opciones, cuando nos alejamos de la creatividad, de la fuerza de nuestro espíritu y del gran poder que llevamos dentro. Recuerda: el espíritu siempre será libre.

Si tu familia se encuentra constantemente en conversaciones que generan miedos, identifica qué pensamientos están activos ahí; acuérdate de que el miedo es producto de lo que pensamos (usa la técnica de BK) y probablemente existen creencias de insuficiencia. Comienza a usar las herramientas que has aprendido con el objetivo de moverte a ti y a tu familia a una conversación de poder, libertad y fuerza.

Para superar el miedo hay que ponerse en acción. Tener confianza y saber que se puede lidiar con lo que la vida traiga.

En cuanto al miedo, debemos tomar en cuenta lo siguiente:

- El miedo acompaña al crecimiento; por ello, es importante aprender a vivir con él.
- Para sentirnos mejor, hay que salir de nuestra cabeza y hacer las cosas. Tomar una acción va primero y después nos sentiremos mejor. Cuidado: el miedo puede regresar si estamos frente a un desafío.
- Es natural sentir miedo cuando estamos en un territorio desconocido.
- Hablemos con nuestros hijos; expliquémosles que muchas veces van a tener que tomar acciones a pesar del miedo, pero que, una vez atravesándolo, encontrarán gran gozo en sus conquistas.

Del miedo al poder

El miedo no es el problema; nuestro problema son los pensamientos.

Cuando hablamos del poder que tenemos dentro nos referimos a la percepción del mundo. Dicho poder lo almacenamos para utilizarlo ante situaciones de la vida, y es necesario para el crecimiento. La fuerza es fundamental para crear la alegría y la satisfacción, para actuar, y para amar. Esto no tiene que ver con nadie más, sólo con uno. Es una forma sana de amarnos como seres humanos. Este tipo de fuerza es esencial para el desarrollo de nuestros hijos. La verdad es que el amor y el poder van de la mano. Un *mantra* que deberíamos repetir con los niños es: "Soy poderoso y soy amado. Reconozco el amor y la aceptación total por mí, manifestando una experiencia humana. Mi expansión es total en cuerpo, mente y espíritu".

> Podemos aligerar la vida si aprendemos a jugar con ella al soltar las resistencias.

El miedo que paraliza a los jóvenes es el miedo a equivocarse, a ser inadecuados. Ante esto, es importante comunicarles que si se equivocan, después pueden tomar una decisión diferente. Así se usan los errores, como experiencias de aprendizaje. Aprendamos a soltar, ya que si creamos juicios nos quedaremos en un lugar de dolor. Es vital utilizar estos ejercicios en nosotros como padres: ser flexibles al actuar.

En esta vida toma los riesgos que crees que te harán más fuerte. De tal modo, mejorarás tu habilidad de lidiar con ellos; serás un ejemplo para tus hijos de cómo vivir en la acción, en la vida. En coaching hablamos de expansión, de experimentar el ser desde la abundancia; esto significa vivir en una energía expansiva y reconocer que somos seres espirituales. La idea en la cual te enfocas se expandirá, y atraerás energía expansiva del cuerpo, la mente y el espíritu. Estarás en tu ser automáticamente, expandiendo una sensación de felicidad y libertad que cultivarás para el futuro próximo.

Crea a tu familia desde el poder siguiendo estos pensamientos:

- Diseño mi vida de la mano del universo y co-creo con todo mi ser (mente, cuerpo y espíritu).

- Vivo creando posibilidades y evaluó con flexibilidad mi mayor bienestar y crecimiento holístico.
- Mis declaraciones nacen del ser desde un lugar neutral, pacífico y generoso.
- Respeto mis ritmos naturales y creo silencios para escuchar la acción correcta que mejor se alinee a mis propósitos.
- Mis logros tienen que ver con mi paz, mi armonía y con la claridad de mi espíritu.
- Mi futuro es espontáneo, creativo y creador.
- Reconozco mi poder como ser humano y lo utilizo sabiamente para el bienestar de todos los que me rodean.

Estás naturalmente diseñado para usar tu poder. Cuando no lo usas, experimentas un sentimiento de impotencia, parálisis y depresión, lo cual es una señal para darte cuenta de que algo no está funcionando como debería. Los padres nos merecemos todo lo maravilloso y emocionante de la vida, y esos sentimientos se presentan cuando estamos en contacto con el poder personal.

Ser la víctima

No hay mayor parálisis en un ser humano que convertirse en la víctima de algo o alguien. Si alguno de tus hijos o tú, como padre o madre, juegan el papel de la víctima, roban mucho a su familia, ya que la víctima siempre se encuentra enojada, manipula, no deja el pasado y absorbe mucha energía con sus historias.

En la existencia, tienes dos posibilidades: actuar como víctima o ser responsable de tu vida. Muchos pensamos que tomamos responsabilidad de nuestras propias vidas; sin embargo, no es así. La mentalidad de la víctima es muy sutil y toma muchas formas. Una vez que entiendas los conceptos relacionados entenderás mejor las dinámicas de cómo manejar el miedo y la parálisis que esta situación produce.

Veamos algunos ejemplos para identificar cómo se juegan estos papeles de víctima dentro de una familia:

Claudia es una mujer de cuarenta años con dos hijos y con tranquilidad económica, sin mayores contratiempos; a pesar de todo, vive en una parálisis por miedos, acompañados de angustia y resentimiento. Cuando hablé con ella me contestó que si las personas que la rodean cambiaran, todo estaría bien. Si solamente su esposo fuera más amoroso, si su jefe no se recargara tanto en ella, si su hijo dejara de beber alcohol, entonces ella estaría bien. Siente que no existe ninguna razón por la cual deba de ir a coaching; todo es culpa de los demás. ¿Está tomando responsabilidad de su vida? Claramente: no.

Conozco a muchas personas que constantemente se quejan de sus ex maridos o sus ex esposas, sus jefes, su soledad, sus hijos, en fin. Personas que diariamente se lamentan de la falta de dinero, de la falta de comunicación o de la situación de su vida en general. Ninguno de ellos realmente toma responsabilidad de su vida, lo cual se vuelve un obstáculo para el desarrollo familiar.

Cuando otorgas poder a otros o a alguna situación, te mueves cada vez más hacia el dolor y, como resultado, te paralizas y atacas a los demás.

Si tomas el papel de víctima, si no te gusta tu trabajo, si eres infeliz en un matrimonio, si te encuentras en una relación en la cual no hay respeto, si tu hija(o) hace con su vida algo con lo que no estás de acuerdo, si nada parece ir de la manera en la que quieres, no es de extrañarse que tengas miedo: las víctimas no tienen poder.

Sin embargo, puedes regresar a sentir control. Consciente o inconscientemente tú eliges estar en ese trabajo que no te gusta; escoges quedarte en una mala relación; permites a tu hija volverte loca; te distraes de todo lo bueno de la vida y de cualquier sueño que esté en tu destino. Es complejo entender hasta qué punto somos la causa de lo que vivimos y los responsables de nuestra infelicidad. Podemos llegar a ser nuestro más grande obstáculo. Debes saberlo: la realización es tu mayor bendición. Si sabes que eres capaz de crear tu propia miseria, es lógico y verdadero pensar que puedes crear tu propia alegría y con ésta nutrir a tu familia.

Mientras que leas las siguientes definiciones de lo que es tomar responsabilidad, ten en mente que siempre que no tomamos responsabilidad nos colocamos en una posición de sufrimiento, y, por lo tanto, la habilidad de lidiar con el miedo en la vida disminuye.

Es importante que tú y tus hijos hagan lo siguiente:

1. Tomen responsabilidad de todo. Esto quiere decir: no culpen a nadie por ser quienes son, por lo que hacen, por lo que tienen o por lo que sienten. Hasta que realmente comprendamos que lo que encontramos en nuestra mente lo podemos elegir, no estaremos en control. Aquí presento algunos escenarios que he escuchado en mis clases, y las preguntas que los estudiantes tuvieron que hacerse antes de que pudieran colocarse en un lugar poderoso:

Carlos: "¿Es mi culpa que mi esposa haya sido infiel y no me ayude con los niños?"

¿Tú la elegiste? Toma lo bueno que te da en vez de lo malo. ¿Estás tan lleno de enojo que encuentras imposible replantear la relación?

Óscar: "Es culpa de mi hijo mi infelicidad; si él hubiera sido buen hijo yo estaría contento".

¿Permites que él encuentre su propio camino? ¿Por qué necesitas rescatarlo? ¿Lo quieres hacer una extensión de ti? ¿Tienes expectativas personales para él? ¿Lo dejas ser?

Adrián: "Si la economía no estuviera tan mal yo hubiera podido cumplir mis sueños como empresario".

¿Puedes ver que otros cumplen sus sueños? ¿Puedes encontrar satisfacciones en lo que haces hoy? ¿Tomas alguna acción o tienes un plan? ¿Ganas algo con tus quejas? ¿Te comprometes a hacer las cosas lo mejor posible?

Roxana: "Por mis hijos dejé mi carrera profesional".

¿Otras madres avanzan con sus carreras profesionales y sus hijos están bien? ¿Permites que te ayuden con tus hijos si tú quieres trabajar? ¿Podrías desarrollarte profesionalmente y estar con tus hijos? ¿La dejaste realmente por ellos?

Si sientes que te identificas con cualquiera de estas historias, simplemente están señalándote un área en la cual debes trabajar. El punto es recordar que cuando le echas la culpa a una fuerza externa a consecuencia de cualquiera de tus experiencias de vida, te desprendes de tu poder y eso genera frustración y poco desarrollo.

2. Tomar responsabilidad quiere decir que no te culpas. Cualquier cosa que te quite poder o el placer te hace víctima. Para algunos esto es más difícil que no culpar a otros. Una vez que sabes que has creado tu infelicidad, puede que generes una tendencia a castigarte y sentirte mal. Esto no es tomar responsabilidad de las experiencias de tu vida.

Una señal de que vamos en buen camino es que no sentimos enojo con nadie. Te das cuenta de que tu mente vivía en el pasado y ahora eliges irte. Las relaciones con otras personas no son la única área en la que puedes otorgar tu poder. Es importante echarle un vistazo a todas las otras áreas vitales para determinar dónde no estás tomando responsabilidad. Reconoce si creas contracción en lugar de expansión.

Examinemos las siguientes posturas limitantes:

- Alguien se encargará de...
- Basado en tu identidad.
- Sometido a creencias sociales, culturales.
- Sumergido en pensamientos, gustos, juicios.
- Siendo tus circunstancias.
- En emociones negativas.
- Viendo sólo la perspectiva individual.
- Te frena la idea de "fracaso".
- Creas los mismos resultados.
- Te victimizas.
- Te justificas.
- Vives dentro de tus historias y tus explicaciones.
- Vives fuera de la creatividad y la contribución.

3. Tomar responsabilidad quiere decir que sabemos manejar la voz de la cabeza. No es de extrañarse que muchos encuentren un reto al estar solos y no pueden estar en un cuarto sin escuchar música o ver la televisión para sentirse acompañados. Es importante conquistar la voz que llevamos dentro, y silenciarla cuestionando lo que pensamos. Hacer yoga y meditación es una fase primordial en el proceso de crecimiento. Todos somos víctimas de esta voz en algún momento de nuestra vida. Nota que la voz en la cabeza que nos hace víctimas, es fundamental reemplazarla por una que sea amorosa.

No hay por qué pasar tiempo con voces que nos desalientan, aunque estén dentro de nosotros. Una vez que conquistemos nuestros pensamientos disfrutaremos estar solos.

Sonia

Sonia llevaba años enferma, producto de un accidente; además, estaba en una mala relación de pareja. Vino a verme porque se sentía deprimida y "atorada con su vida". Después de varias sesiones se dio cuenta de que su identidad estaba totalmente entretejida con sus circunstancias. Usaba las secuelas que el accidente había dejado en su cuerpo físico y la relación mediocre que tenía de pareja para ser el centro de su atención, junto con pensamientos y conversaciones. De esta forma tenía a su marido y a sus hijos a su merced, para manipularlos y vivir lejos de conquistar sus sueños.

Se dio cuenta de que su ego la tenía totalmente paralizada, llena de miedos y no podía visualizar posibilidades para su vida.

Dejó atrás la conversación del accidente, entró a una terapia física y replanteó sus relaciones, viéndose con una nueva luz; logró trascender las recompensas que tenía la "pobrecita" y salió a conquistar su vida.

4. Tomar responsabilidad quiere decir que te des cuenta de lo que deseas y tomar acción. Define tu propósito de vida y comprométete con él, contribuye para lograrlo; usa tu vida como la gran manifestación de lo que vienes a regalar a otros. Diseña esa vida deseada, imagina en dónde quieres vivir, ¿cómo es tu casa? ¿Qué aportas a tu familia? Inventa una vida sembrada en la paz. Rodéate de personas que te inspiren, que admires, que llenen tu vida y tu casa de energía y amor. Cuida tu físico, aprende a alimentarte, haz ejercicio y cuídate como la mayor bendición que tienes: tú, tu cuerpo.

5. Ser responsable quiere decir estar consciente de que existen muchas maneras de vivir una situación y que elegirás no responder desde un lugar pobre, sino que dejarás una huella de luz y alegría en cada oportunidad de interactuar con otros, aunque a veces represente un reto.

Es de gran importancia sanar la posición de víctima que llevamos dentro para que no enseñemos a nuestros hijos a operar así. Tomar responsabilidad como padres implica sanar nuestras posturas y pararnos en la luz de nuestro poder personal en pensamiento, palabra y acción. Si nos mantenemos en el lugar de la víctima, nuestros hijos también operarán desde estas posturas y la convivencia familiar se hará disfuncional.

Cuando ellos no quieren que crezcas

Piensa en tu familia: ¿aplauden y apoyan el crecimiento o lo detienen? ¿Se sienten bien cuando están juntos o más bien contaminados de negatividad? Las personas a tu alrededor tienen una influencia directa en tu vida. Hay dinámicas que no funcionan para brillar o sanar malos hábitos. Por ejemplo, si a un miembro de la familia le gusta beber y esto lo mantiene en fiestas y alejado de cumplir con sus compromisos y rutinas de ejercicio, y otros tienen un estilo de vida similar, cuando el primero decide cambiar, comprometerse con nuevos hábitos y prácticas para conquistar sus objetivos, probablemente incomode, porque quienes lo rodean no se sienten satisfechos con su cambio. Sus objetivos ya no empatan; verlo fuerte y poderoso espejea las debilidades que no quieren ver de sí mismos los otros.

Hay que estar alertas del lenguaje que usamos con nuestros familiares para apoyarlos en el crecimiento. Existen muchas maneras de responder para cuidar la fuerza de las personas que amamos, como veremos a continuación:

Mamá: Nunca vas a salir adelante por ti mismo.
Reactiva: No te metas. ¡Yo voy a hacer lo que se me pegue la gana!
Proactiva: Gracias por preocuparte, mamá, pero creo tanto en mí que lo que se me presente lo podré conquistar. Me gustaría que tuvieras más fe en mí.

La respuesta proactiva es clara. Establece la seguridad en ti mismo y le deja saber tu postura.

Marido: Mírate. Te has vuelto egoísta desde que empezaste a trabajar. ¿Realmente te gusta actuar de esa forma?

Reactiva: ¿Yo, egoísta? ¿Quién crees que cuida de ti y de los niños? Yo también tengo intereses.

Proactiva: Puedo ver por qué crees que soy egoísta, ya no estoy tan disponible como antes. Necesito hacer esto para mi crecimiento personal. Si no lo hago, yo sé que cargaré con resentimiento hacia ti y hacia mí misma. Me gustaría que me apoyaras. ¿Te sientes descuidado? Quiero que sepas que yo te amo. ¿Qué puedo hacer para mejorar la situación?

Otro ejemplo es cuando hablas con tus hijos:

Niños: Ya no te importamos.

Reactiva: Ustedes son los que no aprecian nada. He sido su esclava desde que nacieron. ¡Ahora que estoy haciendo algo para mí y se quejan!

Proactiva: Yo sé que esto se siente diferente porque ya no estoy con ustedes todo el tiempo. Pero realmente creo que son capaces de estar unas horas sin mí y estarán bien. Los papás tenemos nuestros intereses; y para mí es importante trabajar.

El diálogo no siempre va a terminar ahí, pero ese es el tenor de una situación en la cual los dos puntos de vista ganarán.

La mejor victoria es en la que todos ganan.

A veces nos enojan los comentarios de las personas cercanas a nosotros porque buscamos su aprobación; cuando critican, nos molestamos. Finalmente es frustración con nosotros mismos por no sanar creencias que nos devalúan y por dar valor a opiniones externas. Una vez que sanamos nuestras creencias y vivimos con unas que son de paz, lo que dicen los demás permea en nosotros y podemos tomar sólo lo bueno.

Aunque a veces es un reto lograrlo, es necesario porque nos permite relacionarnos amorosa y maduramente con las personas con quienes compartimos la vida. Entre menos necesitas el amor de alguien, tendrás más capacidad de amarlo.

Como práctica, observa a tu familia. La manera en la que reaccionamos, sus acciones o palabras nos permiten ver las áreas en las que debemos trabajar en nosotros. Mientras haya una reacción hay cosas que sanar. Así, en lugar de vivir ofendido por tus seres queridos, es mejor verlos como espejos de aquello que no podemos observar en nosotros y de lo que debemos trascender para vivir en paz. De tal manera, lograremos brindar mucha fuerza en la dinámica familiar.

Si alguno de tus hijos hace cosas que te duelen o lastiman es importante que uses los límites amorosos. Aquí no se trata de crear juicios, sino de tener los ojos abiertos a la realidad. A veces las personas manifiestan comportamientos o actitudes que es mejor delinear en nuestra vida.

Si, por ejemplo, tu hija adolescente miente, lo sano es diseñar su relación alrededor de las actitudes. No calificarla como mala, sino pensar: "En este momento mi hija toma estas decisiones, yo la quiero, pero para estar en paz con ella debo diseñar mi relación para estar protegida". En estos casos hablamos y creamos acuerdos que nos dan poder y claridad en la relación. Por ejemplo: "Siempre te voy a querer; por ahora has tenido acciones que no empatan con lo que me funciona, quiero convivir contigo, pero prefiero que sea creando límites necesarios para estar en paz". Inventa los límites que sean funcionales para ti, así no te volverás víctima de los actos de otros y darás lo que te parezca saludable.

A tus seres queridos les quedará claro que deben respetar la relación entre tú y ellos. Deben de entrar a tu vida en la forma en que tú elijas. Esta fuerza te permitirá romper lazos insanos y establecer nuevos, unos que sean congruentes con tus deseos.

Tomar decisiones

El temor a tomar decisiones es una de las parálisis más comunes entre los jóvenes. La cultura nos ha empapado de creencias: "Ten cuidado, puedes equivocarte", "Estás mal", "No te entiendo", "No haces nada bien", "Vas a fallar". Y estos mensajes se sostienen en las creencias que vimos: "No eres suficiente", "No eres importante", "No lo mereces", "Equivocarse es malo". Pensamos que si tomamos la decisión errónea nos privaremos de dinero, amigos, parejas, estatus, aceptación, etcétera.

Ronda la creencia cultural de que debemos "ser perfectos", "las personas perfectas no se equivocan". Nuestra necesidad de ser perfectos y de controlar el resultado de los eventos, trabajan juntos para mantenernos paralizados cuando pensamos hacer un cambio o tomar un nuevo reto.

Lo triste es que cuando se opera con estas creencias nuestra vida se seca, invitamos al control a regir nuestro día a día y a tomar decisiones "seguras", aquellas que complacen los estándares sociales, familiares, de pareja, entre otros. En ocasiones, el ser se aleja de su espíritu, de su destino, de su fuerza y de los grandes deseos del corazón, no se explotan los talentos y la vida se vuelve una rutina en lugar de una experiencia.

Tomar decisiones implica actuar frente a lo que nos da placer y comprometernos; el compromiso es falso si el corazón no está presente. Si el resultado de la decisión que se tomó no resulta tan bueno como se esperaba, no importa, lo primordial es estar en la dirección de los sueños. Mientras tanto, amplías conocimientos. La vida se trata de movimiento, energía y creatividad, hay que estar involucrados en ese crecimiento.

Es importante que tus hijos sepan que tienes la fuerza de conquistar y superar cualquier reto: dejar un trabajo, la muerte de un ser querido, estar en bancarrota, o cualquier enfermedad. Cuando el ser humano ha lidiado con estas situaciones, se convierte en una persona más fuerte. Vivimos con orgullo cuando encontramos la manera de hacer que la vida funcione a pesar de lo que nos traiga. El fin es pensar: "¿Qué pasaría si…?", y contestar: "Puedo lidiar con lo que pase, tengo las herramientas, la fuerza y el amor por vivir". Esto desvanece los miedos. La vida de tus hijos no será perfecta, lo importante es que sepan que sacarán adelante cualquier experiencia con valentía y amor.

Si tú o tus hijos están a punto de tomar una decisión importante, evalúen lo siguiente, pues como familia pueden crear una conversación basada en estos cuatro puntos:

1. Piensen. Cualquier acción abrirá más posibilidades que no tenían contempladas. Reafirmen: no es acerca del resultado de la decisión que se tome, sino saber que no se pierde. El mundo es un lugar de oportunidades a través de las cuales se aprende y se crece. Eliminen los pensamientos que apuntan a la pérdida, vivan en los que generen posibilidades.

2. Hagan la tarea. Hay mucho que aprender acerca de las alternativas que están al frente. Busquen mentores que los inspiren y abran caminos de acción. Investiguen: la curiosidad genera gran vitalidad. Las personas pueden crear conexiones de mucho valor de maneras que no imaginan. Socialicen, pregunten; la gente, por lo general, quiere compartir lo que sabe. Así estarán preparados para tomar las decisiones con una amplia gama de perspectivas.

3. Piensen que probablemente quieren hacer algo nuevo: crean en la creatividad. En lo personal, me ha tocado comenzar muchos proyectos desde cero. Primero debo inventarme como la persona que es capaz de hacerlo y después tomar las acciones necesarias para manifestar mis sueños. Por eso, es importante primero tener claro cuál es su intención. Detrás de una acción hay un designio. Cerciórense de que dicha acción esté generada con amor y no con miedo. Después, imaginen lo que quieren manifestar y comuníquenlo al mundo. Usarse como un vehículo de creación, salir de los juicios y moverse a un lugar de posibilidades y luz es una manera de llenarse de vitalidad. La fórmula en coaching es: eliminen las creencias que no les sirvan, sumen las distinciones que necesitan para lograr sus objetivos y crear los resultados.

4. Después de tomar una decisión, acepten totalmente la responsabilidad de todo lo que vivan. No señalen con el dedo; usen lo vivido para retomar, replantear, y seguir. No califiquen de bueno ni malo, eso los hará sus prisioneros. La vida sólo es. Ustedes deciden cómo la experimentan, qué tanto amor dan y si están abiertos realmente a vivir.

Di que sí

Con frecuencia, los padres nos encontramos con situaciones y vivencias junto a nuestros hijos que desaprobamos y, por lo tanto, no encontramos la manera de superar o trascender. Las situaciones (la realidad) se presentan, pero no nos preguntan si nos gustan o no. Nuestro poder no radica en controlar el exterior; vive en saber que la fuerza de cómo respondemos se encuentra en nosotros, y siempre tendremos la capacidad de trascender lo vivido.

La frase "di que sí" quiere decir estar abierto a vivir con acep-tación y gratitud hacia todo lo que la vida traiga. Decir que sí se traduce en dejar las resistencias a un lado y permitirse vivir en las posibilidades que el universo tiene para ti; parte de relajar el cuerpo, dar un paso hacia atrás, e inspeccionar la situación. Pre-gúntate: "¿Quién quiero ser? ¿Cómo es que esto es perfecto para mí?" Además de los beneficios emocionales, los beneficios físicos son enormes. Por el contrario, cuando nos oponemos a la vida nos volvemos víctimas. "¡Cómo puede pasarme esto a mí!", res-ponde el ego. Decir "no" desata el bloqueo para luchar, para resistir a las oportunidades aptas del crecimiento y a los retos. Resistirse crea tensión, agotamiento, gastos innecesarios de energía y desgas-te emocional. Estamos en una conversación de preferencias y no de realidades.

Para dar el giro hay que canalizar los recursos necesarios para encontrar lo constructivo y las formas sanas de lidiar con situa-ciones desafiantes; tener flexibilidad para estudiar las opciones y escoger las que te ayudan a crecer, lo cual implica darnos cuenta de nuevas posibilidades.

No es sencillo saber decir "sí" cuando un niño está gravemente enfermo, cuando te incapacitas físicamente o cuando un ser queri-do muere; sin embargo, crear resistencia y pelear estas situaciones cuando son lo que ahora vivimos es crear guerras internas innece-sarias. Nuestra fuerza radica en integrar la paz dentro de nosotros para afrontar la vida desde la serenidad y a partir de ahí actuar con mayor eficiencia.

Soltar los miedos como padres

Como debemos ser la fuerza, la voluntad y el amor para nuestros hijos, debemos estar alertas para vivir fuera del miedo y el dolor, y así crear hogares que emanen lo que queremos que nuestros hijos absorban. Es importante estar alertas para no transmitirles nuestros miedos. No oímos a padres decir: "Toma muchos riesgos hoy, amor", "La vida tiene muchas posibilidades, equivócate y aprende", "Haz lo que quieras con tu vida, sigue tu corazón". En cambio, lo que más escuchamos es: "Ten cuidado, amor." El "Ten cuidado" tiene un doble mensaje: "El mundo es muy peligroso", "Será muy difícil que puedas con él" y el significado de fondo parece que fuera "Si algo te pasa, no podré vivir con eso", "No te quiero ver fracasar". Entonces transmitimos una falta de confianza en la habilidad de conquistar lo que se presente. Otro mensaje que se escucha es: "El mundo está muy mal, qué será de los jóvenes de hoy", mandando advertencias de fatalidad y pesimismo al que nos escucha.

Es importante que los niños aprendan a relacionarse con sus miedos. El miedo a sus temores hará que se paralicen. Existen algunas cosas que puedes hacer para ayudarles a sus hijos a superarlos:

Habla con ellos acerca de sus miedos (hazles las 4 preguntas de BK), así como de todos los pensamientos que les genere ese miedo. Ser valiente no quiere decir que no tengamos miedos, más bien, significa que seguimos avanzando a pesar de ellos. Si lo comprenden, entonces podrán dirigir su energía emocional para superarlos.

Cuéntales cuáles eran y son tus temores. Es muy sano para los niños saber que sus padres también tuvieron y tienen miedos. Ayúdale a tu hijo a identificar los suyos, pero cuidado, la pregunta: "¿A qué le tienes miedo?" no es opción, ya que los niños, en general, no lo saben, entonces pueden ponerse a la defensiva, pues piensan que algo malo sucede con ellos.

Una mejor manera de ayudarles es abordando el tema indirectamente. Pídele que imagine y describa la experiencia, mientras le preguntas: "¿Qué piensas cuando te da miedo?" "¿Puedes ver el miedo fuera de ti?" "¿De qué color es?" "¿Cuál es su tamaño?" Es importante que identifique que el miedo está en su cabeza y que fuera de ella no existe, aunque parezca lo contrario.

No les transmitas el mensaje de que no deben tener miedos. El mensaje importante es que, sin importar lo complejo de las cosas, ellos son capaces de lidiar con ellas. "¿Cómo te sentiste? Entiendo que fue un reto…" "Me imagino que sacaste tu valor…" "Mira cómo fuiste capaz de seguir adelante… Estoy orgulloso de que trataste otra vez…" "¿Te acuerdas lo bien que manejaste esa situación?" De esta manera los niños generan confianza en su habilidad de lidiar con sus temores y los pensamientos que los acompañan.

Capítulo 7

Salir de la caja

El principio de las cajas es el siguiente: vemos a los otros como objetos. Cuando esto sucede, los caracterizamos. La caracterización forma una especie de costra en ellos, dejamos de ver su esencia, sus miedos, sus retos, sus dolores, etc. Lo que vemos y, con lo cual nos relacionamos, son los juicios que formamos. Esta caracterización funciona para que sean personajes de nuestras historias.

Por ejemplo, si voy a hacer una película y mi película es un drama, necesito tener personajes caracterizados en los cuales uno sea el malo, otro el bueno, otro la mamá regañona, el hijo malcriado, etc. En las películas, los aspectos que funcionan para que el drama de los personajes quede fijado en ellos, es que deben "caracterizarse", etiquetarse. Digamos que si la mamá se vuelve buena, no habrá película, pues es necesario que sea una villana.

Las historias se sostienen gracias a los personajes (en la vida, por ejemplo, gracias al hermano, la mamá, el hijo, el novio, el vecino, y los que puedas imaginar). Para que las historias vivan en ti, los personajes necesitan quedarse en su caracterización, porque si los mueves de esa etiqueta, entonces tu trama comienza a desaparecer. Si ésta se acaba, sentirás que pierdes tu identidad. Esto sucede porque tú también juegas un rol en esa historia.

Por eso nos cuesta trabajo dejarlos salir de las cajas en las que los hemos puesto. Entramos en el conflicto de no saber quiénes somos. Si llevo veinte años personificando a la buena, la inteligente, la víctima, etc., me identifico con ese rol. No me conviene que dejes de ser la mala, porque entonces ¿quién soy? En otras palabras, tú me funcionas para que yo sea la buena. Porque nosotros somos ante los otros, no ante nosotros.

Cuando el ego se casa con una identidad, necesita tener a los otros en cajas para que semejante identidad sea posible. Necesitamos a los demás para compararnos. Para salir de las cajas es necesario ver quién gana (y, generalmente, en estas situaciones gana el ego). Es un proceso complejo porque al sacar a las personas de sus cajas y humanizarlos, se disuelven las ideas preconcebidas alrededor de ellos. Tenemos a la gente en estuches porque no sabemos quiénes somos; también nosotros estamos deshumanizados. En el momento en el que se disuelven los demás, también nos disolvemos y nos relacionamos más con nuestra parte espiritual. El ego no desea decepcionarse, por ello, nos aferraremos a que las personas sean quienes hemos dicho que son.

Cuestiónate: "¿Qué es lo que me limita?" "¿Quiénes somos sin la identidad que yo le di a tal persona?" Necesitamos darnos permiso de no ser el bueno, el mártir, la víctima, el amargado. ¿Qué ganarías si pudieras suavizarte, cometer errores, ser el malo, el que se equivoca o el exitoso? ¿Qué ganarías si ellos fueran los buenos, los que contribuyen o los que te hacen sentir feliz? ¿Cómo te sentirías en ese rol?

Tal vez al principio nos puede dar miedo, porque nuestra definición de quiénes somos ante los demás cambia; sin embargo, ganamos al ser más flexibles, porque dejamos posturas, y permitimos que los otros entren con toda su dimensión. Ganarás intimidad si eliminas los juicios y sacas a las personas de las cajas. De lo contrario, nuestras relaciones con los seres humanos no pueden ser cercanas. Son relaciones desde la mente, no desde el ser o desde la presencia.

Al meter a nuestros hijos en cajas, al caracterizarlos y verlos como objetos, suceden varias cosas:

- Las caracterizaciones van de la mano de mi historia
- Las caracterizaciones alteran su identidad
- Las caracterizaciones se vinculan con el pasado
- Si creemos en las caracterizaciones que inventamos, los etiquetamos y creamos una idea de ellos para siempre, lo que se volverá una incompetencia que quedará en nosotros.
- Las caracterizaciones cierran posibilidades para poder generar una acción efectiva.

Ahora déjame hablarte del principio de las cajas, cómo entramos en ellas y cómo salimos. En general, los humanos, al relacionarnos con otros, perjudicamos nuestras relaciones por la autodecepción. A lo largo de la vida creamos juicios, historias e interpretaciones de los otros y de nuestros hijos, y es a través de éstas que filtramos la relación con ellos. Es decir, dejamos de ver a la persona completa, dejamos de percibir su alma, y nos enlazamos a partir de la historia que inventamos.

Una situación común es, por ejemplo, la madre que está en su casa cuidando de sus hijos, encargada de su hogar. Ese día uno de ellos se enferma y no puede ir a la escuela. Cuando el marido llega a la casa percibe la situación y por un momento piensa en cómo puede ayudar a su mujer, pues se ve cansada; pero su siguiente pensamiento se va hacia sus necesidades, él también se siente cansado, además hace tiempo que no se siente atendido por ella, que no le prepara una buena cena y no ha sido cariñosa con él.

Y conforme tiene estos pensamientos se presenta la oportunidad de atender al niño con gripa. Así que el padre tiene dos opciones:

1) Honrar el impulso o deseo (en este caso, atender al niño y ayudar a la madre). Este ejemplo nos recuerda cómo también a nosotros se nos han presentado situaciones en las que o podemos honrar el deseo o traicionarlo en nuestro ámbito familiar.

2) Traicionar el deseo. Cuando elijo no ayudar, contribuir, comunicar o acercarme al otro, entonces he escogido traicionarme; esto es, ir a la guerra. Estar en este lugar es lo que llamamos "estar en la caja".

Ahora bien, lo que sucede en casos similares es lo siguiente: cuando nace el impulso de ayudar, el primer instinto es apoyar en determinada situación; al no honrar ese deseo, creamos culpa y a partir de ésta proyectamos nuestra historia, basada en la justificación para sustentar la traición del anhelo.

No honrar tu deseo crea la justificación para construir la historia. De este modo, dejas de vivir en lo que es real y comienzas a vivir en la mente. La atención se concentra en construir la justificación de tus actos, completamente fuera del presente y de la verdad. A esto se le llama "entrar en la caja". En ella no somos nosotros, cambiamos. De igual manera, cambian el otro y la realidad con el fin de que todo se apegue a mi justificación, a mi historia. Este proceso necesariamente transforma a las personas de nuestro alrededor; dejamos de ver su esencia, las deshumanizamos.

Una vez que entramos en la caja atacamos, criticamos y juzgamos a los otros. Para justificar semejantes actitudes involucramos a otras personas en nuestras historias a fin de encontrar aliados que nos apoyen en las guerras. Esta locura se expande entre quienes nos rodean, como un virus.

Volvamos al ejemplo. Si el padre honra su deseo inicial, la continuación de sus acciones y pensamientos es el siguiente:

a) El padre llega a su casa cansado. Observa la situación. Se da cuenta de que ella está cansada, que atiende a los niños y que uno de ellos tiene gripa. Surge el deseo de contribuir. Pregunta: "¿Cómo puedo ayudar?"

Si el padre no honra su deseo inicial, entonces:

b) El padre llega a su casa cansado. Observa la situación. Se da cuenta de que ella está cansada, que atiende a los niños y que uno de ellos tiene gripa. Surge el deseo de contribuir, pero no lo lleva a cabo. ¿Qué sucedió? Construyó la justificación y una historia nacida de la culpa; como esta culpa es difícil de tolerar, la proyecta hacia el exterior y crea esta historia:

—No puede ser. Llego tarde de trabajar, lo único que pido es que este tiempo sea para nosotros, que ella me prepare de cenar (vengo muerto de hambre); estoy agotado. Finalmente, yo trabajo duro para mantener este hogar. Lo que me faltaba... Tener que llegar a seguir trabajando. Es increíble lo que tengo que hacer por esta familia.

En esta historia la figura de la esposa es concebida de la siguiente manera:

—Mi esposa es una desorganizada. No puede ser que a esta hora no haya terminado la cena y la casa parece un circo. Debería organizarse mejor. Le he dicho mil veces que no se programa bien, y, claro, ahora no tiene tiempo para mí. Estoy furioso.

Como vemos, si el padre hubiera honrado su deseo, sus sentimientos estarían en paz. Su mujer sería legítima, es decir, un ser humano igual a él, que vive la situación con el corazón y la mente tranquilos. Al no honrar el deseo, la culpa lo lleva a distorsionar quiénes son él y ella ante la situación, y cuál es la realidad. Así, ante sus ojos justifica sus acciones y ataques en contra de su mujer.

Antes de entrar en la caja, el padre era amoroso, comprensivo, y su mujer estaba en un lugar legítimo y neutral de amor. En la caja, el padre se convirtió en la víctima y su cónyuge en una figura despreciable, mientras él justificaba su postura.

Esto nos sucede a todos cuando nos relacionamos con nuestros familiares. La alarma de que estamos en una caja es la justificación, la defensa y el ataque.

Ojo: aquí se habla de honrar los deseos que van de la mano de la contribución; es decir, de aquellos que tienen un fin benévolo porque nacen de una intención positiva hacia los otros o hacia uno mismo.

Podemos identificar cuatro cajas generales; éstas tienen que ver con la manera en que nos vemos frente nuestros hijos:

1. "Soy mejor que ellos." Las emociones que van de la mano con esta caja producen sentimientos, frente a nuestros hijos o las circunstancias, de superioridad, importancia, virtuosismo, impaciencia, indiferencia; de esta manera tus hijos parecen inferiores, incapaces, incorrectos y, por lo tanto, sentimos la necesidad de corregir constantemente. Tendemos a menospreciar, discriminar y, en general, a verlos como incompetentes o ignorantes.

No les sirve que pienses que eres mejor. Pensar que somos mejores, que estamos en lo correcto o que somos superiores a ellos (ya sea intelectual, espiritual o socialmente hablando), es un síntoma de que estamos actuando y contribuyendo a la enfermedad de nuestra dinámica familiar. Lo importante es reconocer que nuestra autenticidad se logra siendo parte del todo.

Reconozco que estoy en esta caja cuando me doy cuenta de que ellos no me parecen tan importantes, por lo que he dejado de sentir curiosidad acerca de sus vidas y sus preocupaciones. Con esta fórmula, se transforman en un objeto que sirve para lograr mis metas y objetivos. Cuando vivo pensando que soy superior a mis hijos me excuso de muchos comportamientos negativos.

2. "Merezco más que ellos." Esta justificación se relaciona con la pasada. Normalmente, cuando vivimos en la caja anterior lo lógico es sentir que merecemos más simplemente por nuestra superioridad. Estar en esta posición nos genera la sensación de maltrato, de ser víctimas, merecedores, de estar limitados, resentidos. En esta caja tendemos a querer tener la razón; la justificación crea historias en las que vivimos, y probablemente, entre más creas tener la razón, más equivocado estás, ya que pides algo desde la confusión. De la misma manera, cuando te sientes maltratado, también te ciegas ante las formas en que maltratas a tus hijos y a ti mismo. La necesidad de vivir justificándote y de vivir en las historias oscurece la verdad.

En el momento en el que sientes que tus hijos te deben algo, seguramente eres tú quien genera que se resistan a ti, razón por la cual se alejan. Cuando nos sentimos merecedores vivimos en constante carencia, porque no podemos apreciar nada de lo que la vida nos da.

Si pienso que merezco más que ellos me coloco en una postura de exigir que me den lo que creo que me deben; por lo tanto, no es mi responsabilidad si los culpo, los trato mal o los minimizo.

3. "Mis hijos deben verme como..." La buena, la mártir, el sacrificado, el que manda, etcétera; en esta caja partimos de la preocupación de lo que ellos piensan de uno. Así, es común que no exijamos legítimamente a los otros. Nos volvemos suaves y permitimos de los demás posturas y actitudes que no son sanas para nadie. Si no estuviéramos en esta caja, seríamos exigentes, pondríamos límites justos, amorosos, apareceríamos firmes, directos y productivos en nuestras relaciones.

Si esta caja se mezcla con una caja de "soy mejor que", dejamos de ser duros y de hablar de frente sólo por querer cuidar nuestra imagen; detendremos la idea dañina de que nuestros hijos son inferiores (causa por la cual no serán beneficiados con nuestra interacción en su vida).

En esta caja, nuestra imagen adquiere un valor muy alto; por lo tanto, los hijos se vuelven juiciosos y amenazantes para nosotros. Sentimos que nos observan, nos escuchan y nos evalúan, por lo que nos distanciamos de ellos; y entre más separación exista más angustia se generará. Somos vulnerables a las críticas; de alguna manera dependemos siempre de la adulación.

4. "Soy peor que ellos." En esta caja nos sentimos inferiores a nuestros hijos por un problema de autoestima.

Lo que usualmente sucede cuando vivimos así es que justificamos nuestro sentimiento de inferioridad, nos alejamos y distorsionamos los comportamientos en función de nuestra creencia. Lo común es que por esta sensación no seamos directos con las peticiones y acabemos resentidos con los hijos, por lo que nos volvemos ciegos a sus necesidades. Esta postura también es peligrosa, pues se convierte en la justificación perfecta para no relacionarnos desde un lugar poderoso y para no tomar las riendas de nuestra vida.

En el momento en el que te permites vivir en una caja determinada, creas en ti una necesidad que no va a la par del bienestar y de la verdad. La necesidad se convierte en acusación hacia tus hijos, lo cual te lleva a justificar tus posturas y, de esta manera, provocas la misma respuesta en ellos. Entre más obsesivo eres, porque tus necesidades no están siendo cubiertas, más ciego te vuelves a sus necesidades. El otro ya no cuenta, o quizá no cuenta tanto como tú, y desde ese lugar te permites maltratarlo sin brindarle la legitimidad que merece como un ser igual a ti. Vivir en semejante posición provoca que perdamos la sensibilidad hacia ellos.

En este proceso caracterizamos a nuestros hijos y deterioramos su imagen. Queremos tener el foco de atención y, al mismo tiempo, nos escondemos detrás de los juicios justificándolos con algo que parece merecedor.

Es interesante observar cómo invitamos a otros a tener exactamente el comportamiento que criticamos en ellos, para poder respaldar nuestra postura y así permanecer en la caja, pues el ego se siente completamente identificado.

Dejar las cajas requiere trabajo y responsabilidad; de lo contrario, nunca podremos vivir en paz. Creamos una idea fija de quiénes son nuestros hijos, elaboramos una historia creada de juicios que acartonan la manera en la que los "vemos", nos relacionamos con ellos a partir de la caja que hemos creado y cerramos posibilidades para la relación.

Veamos el siguiente caso:

Una mujer creó la caja de su hijo adolescente; en ésta lo describía como irresponsable, egoísta y agresivo. Durante meses se refería a él bajo estos juicios (al hablar de su hijo contaba las historias y anécdotas que los reforzaban). Recordemos que para el ser humano es de gran importancia tener razón, y por tanto, resulta más importante reforzar aquello que creemos de alguien, que suavizar nuestras posturas.

Una tarde el hijo le pidió el coche prestado, prometió traerlo de regreso a las 10 pm. La madre aceptó; cuando el hijo se fue, ella se quedó inquieta. La mamá pensó: "No debí de haberle prestado el coche, siendo como es seguro choca o se mete en algún problema; además, llegará tarde, es un error darle esos privilegios a este niño irresponsable". Pasaron las horas, a las 10 en punto llegó el muchacho y, sonriente, le entregó las llaves. La mamá en ese momento le dijo: "Qué raro que hayas llegado a tiempo, de seguro te dejaron plantado; por cierto, dejaste en la cama la ropa que me habías dicho que ibas a guardar". De esta manera, la madre no puede apreciar que el niño cumplió con lo dicho, sino que su mente buscó rápidamente cómo justificar lo que ella creía; entonces, descalifica cualquier acto que el joven haga con tal de tener la razón.

Esto lo hacemos de manera común con la gente cercana, los metemos en cajas, creamos una descripción que los limita y sólo podemos observar de ellos aquello que refuerza lo que creemos; así que cualquier esfuerzo que hagan los demás por ser vistos desde otras maneras queda anulado por nuestra caja y la necesidad que tenemos de tener la razón. De alguna manera se ciegan todas las demás posibilidades y la relación detiene la oportunidad de madurar, evolucionar y de mostrar amor genuino.

Cuando observamos la vida fuera de la caja cambian el pasado, el presente y el futuro, tanto de la realidad como de nuestras relaciones.

Las señales para darte cuenta de que has caído en una caja son: la culpa, la justificación, la crítica, el sentir frustración y enojo constante en contra de una situación o de una persona. En cambio, cuando comenzamos a salir de la caja, sentimos esperanza en donde sólo había sentimientos negativos.

Para salir de la caja

Nuestra manera de estar en la vida tiene dos caminos, ser con un corazón en paz o ser con un corazón en guerra. Nuestro comportamiento puede parecer justo y controlado, pero si el corazón no está en paz, sanado y feliz, nada de lo que nosotros experimentamos de los otros será válido.

Lo que debemos hacer es sanar nuestro corazón y vivir con tranquilidad. Para ello es necesario apoyarnos en las circunstancias y en las personas de nuestro alrededor como maestros.

Actuar desde la caja implica provocar en nuestros hijos los comportamientos y comentarios que nosotros creamos. Con un corazón en guerra podemos reconocer que nuestros razonamientos son correctos en la superficie aunque, al mismo tiempo, sean completamente incorrectos a un nivel más profundo, en la manera de ser frente nuestros hijos.

Lo importante será triunfar en la forma de ser (ser desde la paz, pues desde ahí todo se acomodará en el exterior).

El primer paso es sanar las guerras internas, pues envenenan nuestros pensamientos, sentimientos y actitudes hacia los niños o adolescentes. Si no hemos puesto fin a la violencia que vive en nuestro interior, será inútil terminar con la violencia que hay en el exterior. Lo imprescindible es reconocer que somos nosotros quienes elegimos que nuestros corazones se vayan a la guerra.

Cuando tenemos claridad frente nuestros hijos, cuando los humanizamos y somos capaces de ver en qué medida hemos contribuido a la enfermedad de la relación, es entonces cuando nos damos cuenta de que debemos pedir perdón. Éste es un acto importante a llevar a cabo cada vez que tomamos responsabilidad y observamos que estamos dentro de alguna caja, por lo que hemos dejado de hacerles justicia a nuestros hijos.

Para sensibilizarnos y salir de la caja es importante:

- Humanizar al niño: observarlo desde sus miedos, sus sueños, sus esperanzas, sus retos, sus dolores, etcétera.
- Reconocer que el problema está en nosotros y que desde ahí lo podemos sanar al recobrar una perspectiva real, en la cual dejemos de ver al hijo como objeto y lo volvamos ser humano.
- Pedir perdón si es necesario.
- Despertar nuestra curiosidad hacia nuestros hijos desde un corazón en paz; crear una conversación basada en la curiosidad de entender más sobre ellos. Así, podemos preguntar-

nos: ¿cuáles son sus batallas, dolores, retos, miedos? ¿Cómo hemos contribuido a su malestar? ¿Cuál caja está interfiriendo con las posibles soluciones? ¿Qué podría hacer por él/ella? ¿Cómo podría ayudar?

Es sorprendente que cuando atacamos el problema desde nosotros mismos conseguimos sanar la guerra interna y en gran medida aliviar y disolver la guerra externa; a esto se llama sanar por dentro.

Cuando por fin vemos las circunstancias con claridad, sin exageración ni justificación, y dejamos de sobrerreaccionar en el lenguaje y la acción, promovemos en nosotros la paz y probablemente reconocemos que nuestra necesidad de que ellos cambien es equivocada.

Corregir al otro trae como consecuencia su enojo. Si pensamos que los hijos pueden beneficiarse con nuestra ayuda es importante comenzar por comunicar, aprender y construir la relación, preguntar desde nuestro corazón abierto y en paz.

Es posible solucionar nuestros conflictos exteriores en la medida en que encontremos soluciones reales a nuestros conflictos interiores.

Conclusiones para pensar

¿Hemos dado por hecho a nuestros seres queridos?

Hace mucho tiempo, en la antigua China, un joven llamado Yang Fu le dijo adiós a sus padres y se fue a un viaje por Szechwan. Su meta era visitar a Bodhisattva Wuji. En su camino, se encontró con un monje viejo.

"¿A dónde vas?", le preguntó el monje. Yang Fu le contestó que iba a ir a estudiar con Bodhisattva Wuji. "Buscar a Bodhisattva no se compara con buscar a Buda", afirmó el anciano. Yang Fu estuvo de acuerdo con esto, porque aunque Bodhisattva Wuji fuera una persona con mucha sabiduría, Buda era el parangón de la iluminación y no existía nadie más igual a él.

Después, Yang Fu le preguntó al hombre: "¿Dónde puedo encontrar a Buda?". El monje lo sorprendió cuando le dijo que Buda se encontraba en la casa que había dejado no hace mucho tiempo (su propia casa).

Yang Fu le cuestionó cómo reconocería a Buda. El monje viejo también tenía la respuesta a esa pregunta: "Cuando llegues a casa, verás que se acercará a ti para darte la bienvenida, usará una manta y traerá los zapatos al revés. Ése es Buda".

Algo de la certeza del monje convenció a Yang Fu, así que dio la media vuelta y salió corriendo de regreso a casa. Cuando finalmente llegó, ya era media noche. Su mamá se había ido a la cama, pero cuando escuchó a su hijo tocar la puerta se llenó de alegría. Como todos los padres, se había preocupado por la seguridad de su muchacho. Se apuró a darle la bienvenida. Ella tomó su manta en vez de un abrigo, y, llena de alegría, y prisa, no se dio cuenta de que traía las zapatillas al revés.

Yang Fu vio a su madre, miró la expresión de alegría mientras recordaba las palabras del monje. En un segundo entendió lo que éste quiso decirle.

El Tao

Bodhi quiere decir "gran despertar" o "iluminación"; *sattva* significa "ser", por lo tanto, *Bodhisattva* es alguien que posee gran sabiduría o compasión.

Un pensamiento sano, un deleite simple... estas cosas son la esencia del *Tao*. Nos ayudan a trascender los límites del ser mortal y de las obsesiones materiales.

Algo simple, pero profundo al mismo tiempo, como la alegría de la madre al ver a su hijo que no requiere gran entendimiento de la vida; sin embargo, hablamos de un nivel básico, uno lleno del poder elemental.

Mira a tus seres queridos... En verdad míralos. Observa profundamente sus ojos. Ahí encontrarás la esencia de Buda, la mayor comprensión de la vida.

Mi compañero de vida, Genaro, ha sido un gran maestro en cómo llevar de manera amorosa y responsable la paternidad, aquí les comparto un poema de Luna llena que adapto y dedico a nuestros hijos, el cual expresa su sentir de padre:

Mis Capitanes:
Mis hijos, Hana y Pats, capitanes de distintas naves
navegan diferentes mares
en un mundo que es el mismo.

Cada uno ha librado tempestades,
cada uno con su propio destino y yo,
he tratado de mantenerme en la orilla,
firme, con mucha energía.

He procurado estar siempre ahí,
al pie del cañón,
siempre encendido,
sin poder acompañarlos en el mar y en sus travesías.

Me he quedado quieto,
como luz y como guía
no puedo ni debo seguirles
no puedo estar a su lado en cada aventura, recorriendo un nuevo
    mar de fantasía.

Pero saben dónde estoy parado.
Pueden llegar a mí, en el momento que así lo necesiten.

Sólo ustedes mis hijos, después de las enseñanzas dadas,
saben si mantenerse cerca de la luz,
de las enseñanzas dadas para salir y buscar la paz en este mar de
    alegría.

Cada uno es conquistador
de sus propios mares llenos de luz y aventuras,
cada cual con sus destrezas
navegan solos cada día.
Recuerden hijos míos:
les acompañan mis chascarrillos,
mis principios,
mi ejemplo,

las palabras dichas,
las sonrisas emitidas,
las caricias,
las vivencias,
los silencios compartidos,
las risas bien vividas y sobre todo,
las sobremesas bien saboreadas,
todo esto lo hemos vivido juntos
en este mar de alegría.

Esto, entre tantas cosas,
forma de cada uno el mapa,
la caja de enseñanzas,
la luz a seguir
pero no son el destino a llegar
sino el muelle del cual partir algún día y con mucha fantasía.

Mis hijos compartimos el mismo Dios
y parte del nombre en sus apellidos,
comparten el corazón de este padre
que con todo su amor,
les da cada día su bendición,
para protegerlos en el camino,
cada día en este mar de alegría.

Mis hijos son capitanes de distintas naves
pero, de este padre, que escribe hoy, su motor son
y su más grande orgullo, estos hijos míos llenos de plenitud y
    alegría.

Los quiero, los disfruto, los adoro.
Seguiré siendo un guía en este mar de travesía.

Este libro, al final, nos invita a ver la paternidad como una oportunidad para conocer a otra alma, a apreciar la cercanía que vamos a tener con otro ser humano, que en este caso es nuestro hijo o hija, para que en la intimidad en la que se da esta relación podamos experimentar un amor profundo, incondicional. Es una relación como ninguna otra, una que puede despertar emociones muy profundas en el ser humano. Provoca un aprendizaje constante de nosotros mismos reflejado en todo lo que ellos vienen a enseñarnos.

Como vimos, hay muchos paradigmas aún pendientes que debemos explorar y replantear en nosotros para que realmente seamos funcionales en lo que la relación padre/madre/hijo necesita hoy, para que seamos unos verdaderos padres que nutren y unos guías sanos, completos, en amor y en paz para nuestra familia. Por eso, este libro es una invitación a crear una relación con nuestros hijos desde la madurez, la complicidad, el compañerismo y, finalmente, para agradecer y comprender lo que realmente significa vivir con amor una experiencia tan significativa en los seres humanos.

"Que la grandiosa experiencia de ser padres los llene de alegrías, bendiciones y agradecimiento ante el gran rol que nos ha dado la vida"
A. Llamas

Bibliografía

Arbinger Institute. *Leadership and Self-Deception: Getting out of the Box*, 2a ed., Berrett-Koehler Publishers, 2010.

———————— *The Anatomy of Peace: Resolving the Heart of Conflict*, Berrett-Koehler Publishers, 2008.

Beck, Martha. *Finding Your Own North Star: Claiming the Life You Were Meant to Live*, Random House, 2002.

Bolte Taylor, Jill. *My Stroke of Insight: A Brain Scientist's Personal Journey*, Penguin Group, 2008.

Bourbeau, Lise. *Listen to Your Body, Your Best Friend on Earth*, Lotus Press, 1998.

Chalmers Brothers. *Language and the Pursuit of Happiness*, New Possibilities Press, 2004.

Chopra, Deepak. *Sincrodestino: descifra el significado oculto de las coincidencias en tu vida y crea los milagros que has soñado*, Alamah, 2003.

Choquette, Sonia. *The Psychic Pathway: A Workbook for Reawakening the Voice of Your Soul*, Harmony, 1995.

———————— *Your Heart's Desire: Instructions for Creating the Life You Really Want*, Potter Style, 1997.

Dacey, John S. y Packer, Alex J. *The Nurturing Parent: How to Raise Creative, Loving, Responsible Children*, Fireside, 1992.

Doidge, Norman. *The Brain That Changes Itself: Stories of Personal Triumph from the Frontiers of Brain Science*, James H. Silberman Books, 2007.

Howard, Christopher. *Turning Passions into Profits: Three Steps to Wealth and Power*, Wiley, 2005.

Ideal Coaching Certification Program, www.idealcoaching.com

Iyengar, Sheena. *The Art of Choosing*, Twelve, 2011.

Jeffers, Susan. *Feel the Fear . . . and Do It Anyway*, Ballantines Book, 2006.

Katie, Byron. *Loving What Is: Four Questions That Can Change Your Life*, Three Rivers Press, 2003.

Lao-Tzu y Stephen Mitchell. *Tao Te Ching*, nueva versión en inglés, Perennial Classics, 2006.

Lefkoe, Morty. *Re-create Your Life: Transforming Yourself and Your World*, DMI Publishing Division Of Dec, 2003.

LeMay, E., J. Pitts y P. Gordon. *Heidegger para principiantes*, Errepar, 2000.

Lin, Derek. *The Tao of Daily Life: The Mysteries of the Orient Revealed The Joys of Inner Harmony Found the Path to Enlightenment*, Barnes & Noble, 2007.

Maturana, Humberto R., y Varela, Francisco. *Tree of Knowledge*, Shambhala, 1992.

Mogilevsky, N., y J. Pinotti. *Coaching ontológico al alcance de todos*, Distribuciones Integrales, 2006.

Ruiz, Miguel, y Hernández, Luz. *Los cuatro acuerdos: Una guía práctica para la libertad personal*, Amber-Allen Publishing, 2000.

Schucman, Helen. *A Course in Miracles*, Foundation for Inner Peace, 2008.

Shimo, Marci. *Happy for No Reason: 7 Steps to Being Happy from the Inside Out*, Free Press, 2008.

Sieler, Alan. *Coaching to the Human Soul Ontological Coaching and Deep Change*, vol. 1, Newfield Australia, 2005.

Tolle, Eckhart. *El poder del ahora: Un camino hacia la realización espiritual*, Grupo Editorial Norma, 2000.

——————— *Una nueva tierra: un despertar al propósito de su vida*, Editorial Norma, 2006.

Vitale, Joe, Ihaleakala Hew Len. *Zero Limits: The Secret Hawaiian System for Wealth, Health, Peace, and More*, Fonolibro Inc., 2010.

Wheatley, Margaret. *Liderazgo y la nueva ciencia*, Ediciones Granica, 1997.

Williamson, Marianne. *Return to Love: Reflections on the Principles of "A Course in Miracles"*, Harper Collins, 1996.

AGRADECIMIENTOS

Este libro se lo dedico a mis hijos; sin ellos no hubiera tenido el honor de ser madre. Hana y Pat son el amor de mi vida. También se lo dedico a Mari y Ga, por haber sido mis hijos prestados todos estos años, los amo. Mari, en especial gracias por el amor y apoyo que me diste para crear este texto.

Agradezco a mi gran compañero de vida, mi amor, Genaro, quien ha sido el cómplice en esta maravillosa experiencia; el gran maestro de cómo llevar a cabo la paternidad con elegancia, amor, generosidad y alegría. Compartir esta vivencia contigo ha sido bellísimo. Te amo.

A mi mami le doy gracias por su amor, su lucha, su amor por la vida, por el ejemplo, por ser mi gran maestra. A Enrique por su gran cariño.

Gracias a mis hermanos, Ceci y Fede, (Malú y Memo); mis grandes pilares de amor.

En especial quiero dedicar este libro a mi papá y a mi Tata; aunque no me acompañan físicamente, los adoro, sé que su presencia guía mi espíritu.

Gracias a mis amigas(os) del alma: ustedes saben quiénes son; las(os) amo, alegran mi vida y mi corazón. A mis hermanas(os) de la vida: mi Martis, la Weinberg, mi Regis, mi Lalo, Le Pom Pom, Melanie, Sandris, Princhis, Kathy, Gaby, Erika, Mou, Maga, Roxy,

Laura, Raúl, Adi, Paola, Mariana, Karina, Nachito, Manuel, Pili, los flacos, Pepe B.

A Mari por ser mi media naranja, apoyo incondicional: te admiro, gracias por creer en mí; has llevado mi trabajo a lugares inimaginables. Nos une la intención clara de traer luz y amor a nuestra vida y a la de otros(as).

Mou: tu apoyo, amor y compañía han sido fundamentales en todos estos años. I love you Mou!

Agradezco a Random House por apoyarme en este libro (y ya desde hace muchos años en mi trabajo), en especial a Cristóbal Pera y a Fernanda Álvarez.

A mi escritora favorita, gracias por dar tus polvos mágicos a mis libros.

Le Pom Pom: te amo y gracias siempre. (Valeria Matos)

A Betty, Angie, Sharon, por ser soldados de apoyo y entusiasmo, profesionalismo y amistad.

A Gloria por tu apoyo, amistad y amor.

A mis suegros queridos, gracias.

A Kathy y Mel que me acompañan todos los días con amor, luz y sabios consejos.

A Yoca por tanta luz. Gracias.

A mis estudiantes, todas(os) y cada uno(a) que se han graduado con nosotras en MMK Coaching: los(as) admiro, quiero y aprendo de ustedes.

Por siempre mi amor para ti, mi adorada Tata, este libro y mi trabajo te lo dedico a ti.

El arte de educar, de Alejandra Llamas
se terminó de imprimir en abril de 2014
en Quad/Graphics Querétaro, S. A. de C. V.,
Fracc. Agro Industrial La Cruz El Marqués
Querétaro, México.